AF277363

Todos los libros de Linkgua Ediciones cuentan con modelos de Inteligencia Artificial entrenados por hispanistas. Pregúntale al chat de tu libro lo que desees acerca de la obra o su autor/a.

Para ebooks: Accede a nuestro modelo de IA a través de un enlace.

Para libros impresos: Escanea el código QR de la portada con tu dispositivo móvil.

Obtén análisis detallados de nuestros libros, resúmenes, respuestas a tus preguntas y accede a nuestras ediciones críticas generativas para una experiencia de lectura más enriquecedora.
La transparencia y el respeto hacia la autoría de las fuentes utilizadas son distintivos básicos de nuestro proyecto. Por ello, las respuestas ofrecen, mediante un sistema de citas, las fuentes con las que han sido elaboradas.

Federico García Lorca

Mariana Pineda

Edición de Jorge Cabezas

Barcelona 2025
Linkgua-ediciones.com

Créditos

Título original: Mariana Pineda.

© 2025, Red ediciones

Diseño de la colección: Michel Mallard.

ISBN rústica ilustrada: 978-84-9007-604-0.
ISBN tapa dura: 978-84-9953-152-6.
ISBN ebook: 978-84-9953-912-6.

Sumario

Brevísima presentación

La vida

Federico García Lorca (Fuente Vaqueros, Granada, 5 de junio de 1898-entre Víznar y Alfacar, 18 de agosto de 1936). España. Poeta, dramaturgo y prosista. Adscrito a la llamada generación del 27, es el poeta de mayor influencia de la literatura española del siglo XX.

Nació en una familia de posición económica desahogada y fue bautizado con el nombre de Federico del Sagrado Corazón de Jesús García Lorca; su padre fue don Federico García Rodríguez, un hacendado, y su madre, doña Vicenta Lorca, maestra de escuela que fomentó el gusto literario a su hijo.

Como estudiante fue algo irregular, abandonó la Facultad de Derecho de Granada para instalarse en la Residencia de Estudiantes de Madrid (1918-1928); y pasado un tiempo regresó a la Universidad de Granada donde se graduó como abogado.

En 1918 publicó su primer libro *Impresiones y paisajes*, costeado por su padre. En 1920 se estrenó su obra de teatro *El maleficio de la mariposa*, y en 1921 se publicó su *Libro de poemas*. En esta época frecuentó a los poetas de su generación: Jorge Guillén, Pedro Salinas, Gerardo Diego, Dámaso Alonso, Rafael Alberti, y sobre todo a Buñuel y Dalí, a quien después le tributó *Oda a Salvador Dalí*. El pintor, por su parte, pintó los decorados de la pieza teatral *Mariana Pineda*. Hacia 1928 Lorca publicó la revista literaria *Gallo*, de la cual salieron apenas dos números.

En 1929 se marchó a Nueva York. Para entonces se habían publicado, además de los libros ya citados, sus libros *Canciones* (1927) y el *Primer romancero gitano* (1928), su obra poética más célebre.

De su viaje a Nueva York nace el libro *Poeta en Nueva York*. De esta ciudad Lorca viajó en 1930 a La Habana, donde escribió parte de sus obras *Así pasen cinco años* y *El público*, ese año regresó a España donde fue recibido en Madrid con la noticia de que su farsa *La zapatera prodigiosa* estaba en escena.

En 1931 se instaura la Segunda República española y esta nombró a Fernando de los Ríos como Ministro de Instrucción Pública, quien fue el principal mecenas de Lorca durante los primeros años del poeta en España. García Lorca fue nombrado codirector de la compañía estatal de teatro La barraca donde produjo, dirigió, escribió, y adaptó varias obras teatrales. Escribió en este período *Bodas de Sangre, Yerma y Doña Rosita la soltera*.

En 1933 viajó a Argentina y su puesta en escena de *La dama boba* de Lope de Vega atrajo a más de sesenta mil personas. Entre este año y 1936 escribió *Diván de Tamarit, Llanto por Ignacio Sánchez Mejías, La casa de Bernarda Alba* y trabajó en *La destrucción de Sodoma*. Tras el estallido de la Guerra Civil española, Lorca rehusó el exilio ofrecido por Colombia y México, cuyos embajadores previeron que el poeta pudiera ser víctima de un atentado. Tras una denuncia anónima, el 16 de agosto de 1936 fue detenido en la casa de su amigo, el también poeta Luis Rosales, quien obtuvo la promesa de que sería puesto en libertad «si no existía denuncia en su contra». La orden de ejecución fue dada por el gobernador civil de Granada, José Valdés Guzmán. Valdés contaba con el visto bueno del general Queipo de Llano, a quien se consultó sobre qué hacer con Lorca. Parece que fue fusilado la madrugada del día 18 de agosto de 1936.

La obra

Mariana Pineda fue ejecutada en Granada durante el reinado de Fernando VII, acusada de participar en una conspiración liberal. Lorca empieza su obra con un romance popular que por sí solo enumera los elementos clave de la trama: Mariana es una mártir, se niega a delatar a sus compañeros, Pedrosa, el alcalde del crimen de Granada, la captura y a su vez la ama. Algunos esperan hasta el final que Mariana sea perdonada, pero la tragedia está servida y tiene todos los ingredientes clásicos: amor, juventud, ideales de libertad y muerte.

> ¡Oh! Qué día tan triste en Granada,
> que a las piedras hacía llorar
> al ver que Marianita se muere
> en cadalso por no declarar.
> Marianita, sentada en su cuarto,
> no paraba de considerar:
> «Si Pedrosa me viera bordando
> la bandera de la Libertad.»
> ¡Oh, qué día tan triste en Granada,
> las campanas doblar y doblar!

Mariana Pineda 1925

Romance popular en tres estampas.
A la gran actriz Margarita Xirgu.

Personajes

Mariana Pineda
Amparo
Sor Carmen
Fernando
Conspirador 1
Niñas
Isabel la Clavela
Lucía
Monja
Alegrito
Conspirador 2
Doña Angustias
Niño
Novicia 1
Don Pedro Sotomayor
Conspirador 3
Monjas
Mujer del velón
Niña
Novicia 2
Pedrosa
Conspirador 4

Prólogo

Telón representando el desaparecido arco árabe de las Cucharas y perspectiva de la plaza Bibarrambla, en Granada. La escena estará encuadrada en un margen amarillento, como una vieja estampa, iluminada en azul, verde, amarillo, rosa y celeste. Una de las casas que se vean estará pintada con escenas marinas y guirnaldas de frutas. Luz de Luna. Al fondo, las Niñas cantarán, con acompañamiento, el romance popular:

> ¡Oh! Qué día tan triste en Granada,
> que a las piedras hacía llorar
> al ver que Marianita se muere
> en cadalso por no declarar.
> Marianita, sentada en su cuarto,
> no paraba de considerar:
> «Si Pedrosa me viera bordando
> la bandera de la Libertad.»

(Mas lejos.)

> ¡Oh, qué día tan triste en Granada,
> las campanas doblar y doblar!

(De una ventana saldrá una Mujer con un velón encendido. Cesa el Coro.)

Mujer   ¡Niña! ¿No me oyes?

Niña   (Desde lejos.) ¡Ya voy!

(Por debajo del arco aparece una Niña vestida según la moda del año 1850, que canta.)

Como lirio cortaron el lirio,
como rosa cortaron la flor,
como lirio cortaron el lirio,
mas hermosa su alma quedó.

(Lentamente, entra en su casa. Al fondo, el Coro continúa.)

¡Oh! Qué día tan triste en Granada,
que a las piedras hacía llorar.

Telón lento.

Estampa primera

Casa de Mariana. Paredes blancas. Al fondo, balconcillos pintados de oscuro. Sobre una mesa, un frutero de cristal lleno de membrillos. Todo el techo estará lleno de la misma fruta, colgada. Encima de la cómoda, grandes ramos de rosas de seda. Tarde de otoño. Al levantarse el telón, aparece doña Angustias, madre adoptiva de Mariana, sentada, leyendo. Viste de oscuro. Tiene un aire frío, pero es maternal al mismo tiempo. Isabel la Clavela viste de maja. Tiene treinta y siete años.

Escena I

Clavela (Entrando.) ¿Y la niña?

Angustias
(Dejando la lectura.)
Borda y borda lentamente.
Yo la he visto por el ojo de la llave.
Parecía el hilo rojo, entre sus dedos,
una herida de cuchillo sobre el aire.

Clavela
¡Tengo un miedo!

Angustias
¡No me digas!

Clavela
(Intrigada.) ¿Se sabrá?

Angustias
Desde luego, por Granada no se sabe.

Clavela
¿Por qué borda esa bandera?

Angustias
Ella me dice

	que la obligan sus amigos liberales.
(Con intención.)	Don Pedro, sobre todos; y por ellos
	se expone...
(Con gesto doloroso.)	a lo que no quiero acordarme.

Clavela   Si pensara como antigua, le diría...
embrujada.

Angustias (Rápida.) Enamorada.

Clavela (Rápida.) ¿Sí?

Angustias (Vaga.) ¡Quién sabe!

(Lírica.)   Se le ha puesto la sonrisa casi blanca,
como vieja flor abierta en un encaje.
Ella debe dejar esas intrigas.
¿Qué le importan las cosas de la calle?
Y si borda, que borde unos vestidos
para su niña, cuando sea grande.
Que si el rey no es buen rey, que no lo sea;
las mujeres no deben preocuparse.

Clavela   Esta noche pasada no durmió.

Angustias   ¡Si no vive! ¿Recuerdas?... Ayer tarde...

(Suena una campanilla alegremente.)

Son las hijas del Oidor. Guarda silencio.

(Sale Clavela, rápida. Angustias se dirige a puerta de la derecha y llama.)

Marianita, sal que vienen a buscarte.

Escena II

Entran dando carcajadas las hijas del Oidor de la Chancillería. Visten enormes faldas de volantes y vienen con mantillas peinadas a la moda de la época, y un clavel en cada sien. Lucía es rubia tostada, y Amparo, morenísima, de ojos profundos y movimientos rápidos.

Angustias	(Dirigiéndose a besarlas, con los brazos abiertos.) ¡Las dos bellas del Campillo por esta casa!
Amparo	(Besa a doña Angustias y dice a Clavela.) ¡Clavela! ¿Qué tal tu esposo el clavel?
Clavela	(Marchándose, disgustada, como temiendo más bromas.) ¡Marchito!
Lucía	(Llamando al orden.) ¡Amparo!

(Besa a Angustias.)

Amparo	(Riéndose.)

¡Paciencia!
¡Pero clavel que no huele,
se corta de la maceta!

Lucía   Doña Angustias ¿qué os parece?

Angustias   (Sonriendo.)
                   ¡Siempre tan graciosa!

Amparo   Mientras
                   que mi hermana lee y relee
                   novelas y más novelas,
                   o borda en el cañamazo
                   rosas, pájaros y letras,
                   yo canto y bailo el jaleo
                   de jerez, con castañuelas;
                   el vito, el ole, el sorongo,
                   y ojalá siempre tuviera
                   ganas de cantar, señora.

Angustias   (Riendo.)
                   ¡Qué chiquilla!

(Amparo coge un membrillo y lo muerde.)

Lucía (Enfadada.)   ¡Estáte quieta!

Amparo   (Habla con lo agrio de la fruta entre los
                   dientes.)
                   ¡Buen membrillo!

(Le da un calofrío por lo fuerte del ácido, y guiña.)

Angustias	(Con las manos en la cara.) ¡Yo no puedo mirar!
Lucía	(Un poco sofocada.) ¿No te da vergüenza?
Amparo	Pero ¿no sale Mariana? Voy a llamar en su puerta.

(Va corriendo y llama.)

	¡Mariana, sal pronto, hijita!
Lucía	¡Perdonad, señora!
Angustias (Suave.)	¡Déjala!

Escena III

La puerta se abre, y aparece Mariana, vestida de malva claro, con un peinado de bucles, peineta y una gran rosa roja detrás de la oreja. No tiene más que una sortija de diamantes en su mano siniestra. Aparece preocupada, y da muestras, conforme avanza el diálogo, de vivísima inquietud. Al entrar Mariana en escena, las dos Muchachas corren a su encuentro.

Amparo	(Besándola.) ¿Cómo has tardado?
Mariana	(Cariñosa.) ¡Niñas!

Lucía	(Besándola.) ¡Marianita!
Amparo	¡A mí otro beso!
Lucía	¡Y otro a mí!
Mariana	¡Preciosas!

(A doña Angustias.) ¿Trajeron una carta?

Angustias	¡No!

(Queda pensativa.)

Amparo	(Acariciándola.) Tú, siempre joven y guapa.
Mariana	(Sonriendo con amargura.) ¡Ya pasé los treinta!
Amparo	¡Pues parece que tienes quince!

(Se sientan en un amplio sofá, una a cada lado. Doña Angustias recoge su libro y arregla una cómoda.)

Mariana	(Siempre con un dejo de melancolía.) ¡Amparo! ¡Viudita y con dos niños!
Lucía	¿Cómo siguen?

Mariana	Han llegado ahora mismo del colegio, y estarán en el patio.
Angustias	Voy a ver. No quiero que se mojen en la fuente. ¡Hasta luego, hijas mías!
Lucía	(Fina siempre.) ¡Hasta luego!

(Se va doña Angustias.)

Escena IV

Mariana	¿Tu hermano Fernando, cómo sigue?
Lucía	Dijo que vendría a buscarnos, para saludarte.
(Ríe.)	Se estaba poniendo su levita azul. Todo lo que tienes le parece bien. Quiere que vistamos como tú te vistes. Ayer...
Amparo (Lucía queda seria.)	(Que tiene siempre que hablar, la interrumpe.) Ayer mismo nos dijo que tú tenías en los ojos... ¿Qué dijo?
Lucía (Enfadada.)	¿Me dejas hablar?

(Hace intención de hacerlo.)

Amparo (Rápida.) ¡Ya me acuerdo! Dijo que en tus ojos
había un constante desfile de pájaros.

(Le coge la cabeza por la barbilla y le mira los ojos.)

Un temblor divino, como de agua clara,
sorprendida siempre bajo el arrayán,
o temblor de Luna sobre una pecera
donde un pez de plata finge rojo sueño.

Lucía   (Sacudiendo a Mariana.)
¡Mira! Lo segundo son inventos de ella.

(Ríe.)

Amparo   ¡Lucía, eso dijo!

Mariana   ¡Qué bien me causáis
con vuestra alegría de niñas pequeñas!
La misma alegría que debe sentir
el gran girasol, al amanecer,
cuando sobre el tallo de la noche vea
abrirse el dorado girasol del cielo.

(Les coge las manos.)   La misma alegría que la viejecilla
siente cuando el Sol se duerme en sus manos
y ella lo acaricia creyendo que nunca
la noche y el frío cercarán su casa.

Lucía   ¡Te encuentro muy triste!

Amparo	¿Qué tienes?

(Entra Clavela.)

Mariana	(Levantándose rápidamente.)
	¡Clavela!
	¿Llegó? ¡Di!

Clavela (Triste.)	¡Señora, no ha venido nadie!

(Cruza la escena y se va.)

Lucía	Si esperas visita, nos vamos.

Amparo	Lo dices,
	y salimos.

Mariana (Nerviosa.) ¡Niñas, tendré que enfadarme!

Amparo	No me has preguntado por mi estancia en Ronda.

Mariana	Es verdad que fuiste; ¿y has vuelto contenta?

Amparo	Mucho. Todo el día baila que te baila.

(Mariana está inquieta, y, llena de angustia mira a las puertas y se distrae.)

Lucía (Seria.)	Vámonos, Amparo.

Mariana	(Inquieta por algo que ocurre fuera de la escena.)
	¡Cuéntame! Si vieras
	cómo necesito de tu fresca risa,
	cómo necesito de tu gracia joven.
	Mi alma tiene el mismo color del vestido.

(Mariana sigue de pie.)

Amparo	Qué cosas tan lindas dices, Marianilla.
Lucía	¿Quieres que te traiga una novela?
Amparo	Tráele
	la plaza de toros de la ilustre Ronda.

(Ríen. Se levanta y se dirige a Mariana.)

¡Siéntate!

(Mariana se sienta y la besa.)

Mariana	(Resignada.)
	¿Estuviste en los toros?
Lucía	¡Estuvo!
Amparo	En la corrida más grande
	que se vio en Ronda la vieja.
	Cinco toros de azabache,
	con divisa verde y negra.
	Yo pensaba siempre en ti;

yo pensaba: si estuviera
conmigo mi triste amiga,
mi Marianita Pineda.
Las niñas venían gritando
sobre pintadas calesas
con abanicos redondos
bordados de lentejuelas.
Y los jóvenes de Ronda
sobre jacas pintureras,
los anchos sombreros grises
calados hasta las cejas.
La plaza, con el gentío

(Calañés y altas peinetas.)

giraba como un zodíaco
de risas blancas y negras.
Y cuando el gran Cayetano
cruzó la pajiza arena
con traje color manzana,
bordado de plata y seda,
destacándose gallardo
entre la gente de brega
frente a los toros zainos
que España cría en su tierra,
parecía que la tarde
se ponía más morena.
¡Si hubieras visto con qué
gracia movía las piernas!
¡Qué gran equilibrio el suyo
con la capa y la muleta!
Ni Pepe-Hillo ni nadie

toreó como él torea.
Cinco toros mató; cinco,
con divisa verde y negra.
En la punta de su estoque
cinco flores dejó abiertas,
y a cada instante rozaba
los hocicos de las fieras,
como una gran mariposa
de oro con alas bermejas.
La plaza, al par que la tarde,
vibraba fuerte, violenta,
y entre el olor de la sangre
iba el olor de la sierra.
Yo pensaba siempre en ti;
yo pensaba: si estuviera
conmigo mi triste amiga,
mi Marianita Pineda.
...

Mariana   (Emocionada y levantándose.)
                 ¡Yo te querré siempre a ti
                 tanto como tú me quieras!

Lucía   (Se levanta.) Nos retiramos; si sigues
                 escuchando a esta torera,
                 hay corrida para rato.

Amparo   ¡Y dime! ¿Estás más contenta?
(La besa   porque este cuello, ¡oh, qué cuello!,
en el cuello.)   no se hizo para la pena.

Lucía   (En la ventana.)

Hay nubes por Parapanda.
Llovera, aunque Dios no quiera.

Amparo   ¡Este invierno va a ser de agua!
              ¡No podré lucir!

Lucía   ¡Coqueta!

Amparo   ¡Adiós, Mariana!

Mariana   ¡Adiós, niñas!

(Se besan.)

Amparo   ¡Que te pongas más contenta!

Mariana   Tardecillo es. ¿Queréis
              que os acompañe Clavela?

Amparo   ¡Gracias! Pronto volveremos.

Lucía   ¡No bajes, no!

Mariana   ¡Hasta la vuelta!

(Salen.)

Escena V

Mariana atraviesa rápidamente la escena y mira la hora en uno de
esos grandes relojes dorados, donde sueña toda la poesía exquisita

de la hora y el siglo. Se asoma a los cristales y ve la última luz de la tarde.

Mariana

Si toda la tarde fuera
como un gran pájaro, ¡cuántas
duras flechas lanzaría
para cerrarle las alas!
Hora redonda y oscura
que me pesa en las pestañas.
Dolor de viejo lucero
detenido en mi garganta.
Ya debieran las estrellas
asomarse a mi ventana
y abrirse lentos los pasos
por la calle solitaria.
¡Con qué trabajo tan grande
deja la luz a Granada!
Se enreda entre los cipreses
o se esconde bajo el agua.
¡Y esta noche que no llega!

(Con angustia.)
¡Noche temida y soñada;
que me hieres ya de lejos
con larguísimas espadas!

Fernando

(En la puerta.)
Buenas tardes.

Mariana (Asustada.) ¿Qué?
(Reponiéndose.)   ¡Fernando!

Fernando

¿Te asusto?

Mariana (Reponiéndose.)	No te esperaba y tu voz me sorprendió.
Fernando	¿Se han ido ya mis hermanas?
Mariana	Ahora mismo. Se olvidaron de que vendrías a buscarlas.

(Fernando viste elegantemente la moda de época, Mira y habla apasionadamente. Tiene dieciocho años. A veces le temblará la voz y se turbará a menudo.)

Fernando	¿Interrumpo?
Mariana	Siéntate.

(Se sienta.)

Fernando (Lírico.) (Aspira.)	¡Cómo me gusta tu casa! Con este olor a membrillos. Y qué preciosa fachada tienes..., llena de pinturas de barcos y de guirnaldas.
Mariana	(Interrumpiéndole.) ¿Hay mucha gente en la calle?

(Inquieta.)

Fernando (Sonríe.)	¿Por qué preguntas?
Mariana (Turbada.)	Por nada.

Fernando	Pues hay mucha gente.
Mariana	(Impaciente.) ¿Dices?
Fernando	Al pasar por Bibarrambla he visto dos o tres grupos de gente envuelta en sus capas, que aguantando el airecillo a pie firme comentaban el suceso.
Mariana	(Ansiosamente.) ¿Qué suceso?
Fernando	¿Sospechas de qué se trata?
Mariana	¿Cosas de masonería?
Fernando (Mariana está como en vilo.) (Vuelto a Mariana.)	Un capitán que se llama... no recuerdo..., liberal, prisionero de importancia, se ha fugado de la cárcel de la Audiencia. ¿Qué te pasa?
Mariana	Ruego a Dios por él. ¿Se sabe si le buscan?
Fernando	Ya marchaban, antes de venir yo aquí,

un grupo de tropas hacia
el Genil y sus puentes
para ver si lo encontraban,
y es fácil que lo detengan
camino de la Alpujarra.
¡Qué triste es esto!

Mariana   (Llena de angustia.)
                 ¡Dios mío!

Fernando   Y las gentes cómo aguantan.
                 Señores, ya es demasiado.
                 El preso, como un fantasma,
                 se escapó; pero Pedrosa
                 ya buscará su garganta.
                 Pedrosa conoce el sitio
                 donde la vena es más ancha,
                 por donde brota la sangre
                 más caliente y encarnada.
                 ¡Qué chacal! ¿Tú le conoces?

(La luz se va retirando de la escena.)

Mariana   Desde que llegó a Granada.

Fernando   (Sonriendo.)
                 ¡Bravo amigo, Marianita!

Mariana   Le conocí por desgracia.
                 Él está amable conmigo
                 y hasta viene por mi casa,
                 sin que yo pueda evitarlo.

¿Quién le impediría la entrada?

Fernando   Ojo, que es un viejo verde.

Mariana   Es un hombre que me espanta.

Fernando   ¡Qué gran alcalde del crimen!

Mariana   ¡No puedo mirar su cara!

Fernando (Serio.) ¿Te da mucho miedo?

Mariana   ¡Mucho!
                  Ayer tarde yo bajaba
                  por el Zacatín. Volvía
                  de la iglesia de Santa Ana,
                  tranquila; pero de pronto
                  vi a Pedrosa. Se acercaba,
                  seguido de dos golillas,
                  entre un grupo de gitanas.
                  ¡Con un aire y un silencio!...
                  ¡Él notó que yo temblaba!

(La escena está en una dulce penumbra.)

Fernando   ¡Bien supo el rey lo que se hizo
                  al mandarlo aquí a Granada!

Mariana   (Levantándose.)
                  Ya es noche. ¡Clavela! ¡Luces!

Fernando   Ahora los ríos sobre España,

	en vez de ser ríos son largas cadenas de agua.
Mariana	Por eso hay que mantener la cabeza levantada.
Clavela	(Entrando con dos candelabros.) ¡Señora, las luces!
Mariana	(Palidísima y en acecho.) ¡Déjalas!

(Llaman fuertemente a la puerta.)

Clavela	¡Están llamando!

(Coloca las luces.)

Fernando	(Al ver a Mariana descompuesta.) ¡Mariana! ¿Por qué tiemblas de ese modo?
Mariana	(A Clavela, gritando en voz baja.) ¡Abre pronto, por Dios, anda!

(Sale Clavela corriendo. Mariana queda en actitud expectante junto a la puerta, y Fernando, de pie.)

Escena VI

Fernando	Sentiría en el alma ser molesto... Marianita, ¿qué tienes?

Mariana	(Angustiada exquisitamente.) Esperando, los segundos se alargan de manera irresistible.

Fernando (Inquieto.) ¿Bajo yo?

Mariana	Un caballo se aleja por la calle. ¿Tú lo sientes?

Fernando	Hacia la vega corre.

(Pausa.)

Mariana	Ya ha cerrado el postigo Clavela.

Fernando	¿Quién será?

Mariana	(Turbada y reprimiendo una honda angustia.) ¡Yo no lo sé!
(Aparte.)	¡Ni siquiera pensarlo!

Clavela (Entrando.) Una carta, señora.

(Mariana coge la carta ávidamente.)

Fernando (Aparte.) ¡Qué será!

Clavela	Me la entregó un jinete. Iba embozado hasta los ojos. Tuve mucho miedo.

Soltó las bridas y se fue volando
hacia lo oscuro de la plazoleta.

Fernando   Desde aquí lo sentimos.

Mariana   ¿Le has hablado?

Clavela   Ni yo le dije nada, ni él a mí.
                  Lo mejor es callar en estos casos.

(Fernando cepilla el sombrero con la manga; tiene el semblante inquieto.)

Mariana   (Con la carta.)
                  ¡No la quisiera abrir! ¡Ay, quién pudiera
                  en esta realidad estar soñando!
                  ¡señor, no me quitéis lo que más quiero!

(Rasga la carta y lee.)

Fernando   (A Clavela, ansiosamente.)
                  Estoy confuso. ¡Esto es tan extraño!
                  Tú sabes lo que tiene. ¿Qué le ocurre?

Clavela   Ya le he dicho que no lo sé.

Fernando (Discreto.) Me callo.
                  Pero...

Clavela   (Continuando la frase.)
                  ¡Pobre doña Mariana mía!

Mariana (Agitada.) ¡Acércame, Clavela, el candelabro!

(Clavela se lo acerca corriendo. Fernando cuelga lentamente la capa sobre sus hombros.)

Clavela   (A Mariana.)
                    ¡Dios nos guarde, señora de mi vida!

Fernando   (Azorado e inquieto.)
                    Con tu permiso...

Mariana   (Queriendo reponerse.)
                    ¿Ya te vas?

Fernando   Me marcho;
                    voy al café de la Estrella.

Mariana   (Tierna y suplicante.)
                    Perdona
                    estas inquietudes...

Fernando (Digno.)   ¿Necesitas algo?

Mariana   (Conteniéndose.)
                    Gracias... Son asuntos familiares hondos,
                    y tengo yo misma que solucionarlos.

Fernando   Yo quisiera verte contenta. Diré
                    a mis hermanillas que vengan un rato,
                    y ojalá pudiera prestarte mi ayuda.
                    Adiós, que descanses.

(Le estrecha la mano.)

Mariana   Adiós.

Fernando   Buenas noches,

Clavela   Salga, que yo le acompaño.

(Se van.)

Mariana   (En el momento de salir Fernando da rienda
                 suelta a su angustia.)
                 ¡Pedro de mi vida! ¿Pero quién irá?
                 Ya cercan mi casa los días amargos.
                 Y este corazón, ¿adónde me lleva,
                 que hasta de mis hijos me estoy olvidando?
                 ¡Tiene que ser pronto y no tengo a nadie!
                 ¡Yo misma me asombro de quererle tanto!
                 ¿Y si le dijese... y él lo comprendiera?
                 ¡señor, por la llaga de vuestro costado!
(Sollozando.)   Por las clavellinas de su dulce sangre,
                 enturbia la noche para los soldados.

(En un arranque, viendo el reloj.)

                 ¡Es preciso! ¡Tengo que atreverme a todo!

(Sale corriendo hacia la puerta.)

                 ¡Fernando!

Clavela   (Que entra.)

	¡En la calle, señora!
Mariana	(Asomándose rápidamente a la ventana.) ¡Fernando!
Clavela	(Con las manos cruzadas.) ¡Ay, doña Mariana, qué malita está! Desde que usted puso sus preciosas manos en esa bandera de los liberales, aquellos colores de flor de granado desaparecieron de su cara.
Mariana	(Reponiéndose.) Abre, y respeta y ama lo que estoy bordando.
Clavela (Saliendo.)	Dios dirá; los tiempos cambian con el tiempo. Dios dirá. ¡Paciencia!
(Sale.)	
Mariana	Tengo, sin embargo, que estar muy serena, muy serena; aunque me siento vestida de temblor y llanto.

Escena VII

Aparece en la puerta Fernando, con el alto sombrero de cintas entre sus manos enguantadas. Le precede Clavela.

Fernando	(Entrando, apasionado.) ¿Qué quieres?

40

Mariana (Firme.)	Hablar contigo.
(A Clavela.)	Puedes irte.
Clavela	(Marchándose, resignada.)
	¡Hasta mañana!

(Se va, turbada, mirando con ternura y tristeza a su señora. Pausa.)

Fernando	Dime, pronto.
Mariana	¿Eres mi amigo?
Fernando	¿Por qué preguntas, Mariana?

(Mariana se sienta en una silla, de perfil al público, y Fernando junto a ella, un poco de frente, componiendo una clásica estampa de la época.)

	¡Ya sabes que siempre fui!
Mariana	¿De corazón?
Fernando	¡Soy sincero!
Mariana	¡Ojalá que fuese así!
Fernando	Hablas con un caballero.

(Poniéndose la mano sobre la blanca pechera.)

Mariana (Segura.)   ¡Lo sé!

Fernando	¿Qué quieres de mí?
Mariana	Quizá quiera demasiado y por eso no me atrevo.
Fernando	No quieras ver disgustado este corazón tan nuevo. Te sirvo con alegría.
Mariana	(Temblorosa.) Fernando, ¿y si fuera...?
Fernando	(Ansiosamente.) ¿Qué?
Mariana	Algo peligroso.
Fernando	(Decidido.) Iría. Con toda mi buena fe.
Mariana	¡No puedo pedirte nada! Pero esto no puede ser. Como dicen por Granada, ¡soy una loca mujer!
Fernando (Tierno.)	Marianita.
Mariana	¡Yo no puedo!
Fernando	¿Por qué me llamaste? Di.

Mariana	(En un arranque trágico.)
	Porque tengo mucho miedo,
	de morirme sola aquí.

| Fernando | ¿De morirte? |

Mariana	(Tierna y desesperada.)
	Necesito,
	para seguir respirando,
	que tú me ayudes, mocito.

Fernando	(Lleno de pasión.)
	Mis ojos te están mirando,
	y no lo debes dudar.

Mariana	Pero mi vida está fuera,
	por el aire, por la mar,
	por donde yo no quisiera.

| Fernando | ¡Dichosa la sangre mía |
| | si puede calmar tu pena! |

| Mariana | No; tu sangre aumentaría |
| | el grosor de mi cadena. |

(Se lleva decidida las manos al pecho para sacar la carta. Fernando tiene una actitud expectante y conmovida.)

¡Confío en tu corazón!

(Saca la carta. Duda.)

	¡Qué silencio el de Granada!
	Fija, detrás del balcón,
	hay puesta en mí una mirada.
Fernando	(Extrañado.)
	¿Qué estás hablando?
Mariana	Me mira
(Levantándose.)	la garganta, que es hermosa,
	y toda mi piel se estira.
	¿Podrás conmigo, Pedrosa?
(En un arranque.)	Toma esta carta, Fernando.
	Lee despacio y entendiendo.
	¡Sálvame! Que estoy dudando
	si podré seguir viviendo.

(Fernando coge la carta y la desdobla. En este momento, el reloj da las ocho lentamente. Las luces topacio y amatista de las velas hacen temblar líricamente la habitación. Mariana pasea la escena y mira angustiada al joven. Este lee el comienzo de la carta y tiene un exquisito, pero contenido, gesto de dolor y desaliento. Pausa, en la que se oye el reloj y se siente la angustia de Marianita.)

Fernando	(Leyendo la carta, con sorpresa, y mirando asombrado y triste a Mariana.)
	«Adorada Marianita.»
Mariana	No interrumpas la lectura.
	Un corazón necesita
	lo que pide en la escritura.

Fernando	(Leyendo, desalentado, aunque sin afectación.) «Adorada Marianita: Gracias al traje de capuchino, que tan diestramente hiciste llegar a mi poder, me he fugado de la torre de Santa Catalina, confundido con otros frailes, que salían de asistir a un reo de muerte. Esta noche, disfrazado de contrabandista, tengo absoluta necesidad de salir para Válor y Cadiar, donde espero tener noticias de los amigos. Necesito antes de las nueve el pasaporte que tienes en tu poder y una persona de tu absoluta confianza que espere con un caballo, más arriba de la presa del Genil, para, río adelante, internarme en la sierra. Pedrosa estrechará el cerco como él sabe, y si esta misma noche no parto, estoy irremisiblemente perdido. Me encuentro en la casa del viejo don Luis, que no lo sepa nadie de tu familia. No hagas por verme, pues me consta que estás vigilada. Adiós, Mariana. Todo sea por nuestra divina madre la libertad. Dios me salvará. Adiós, Mariana. Un abrazo y el alma de tu amante. Pedro de Sotomayor.»
(Enamoradísimo.)	¡Mariana!
Mariana	(Rápida, llevándose una mano a los ojos.) ¡Me lo imagino! Pero silencio, Fernando.
Fernando	(Dramático.) ¡Cómo has cortado el camino

de lo que estaba soñando!

(Mariana protesta mímicamente.)

No es tuya la culpa, no;
ahora tengo que ayudar
a un hombre que empiezo a odiar,
y el que te quiere soy yo.
El que de niño te amara
lleno de amarga pasión.
Mucho antes de que robara
don Pedro tu corazón.
¡Pero quién te deja en esta
triste angustia del momento!
Y torcer mi sentimiento
¡ay qué trabajo me cuesta!

Mariana (Orgullosa.)   ¡Pues iré sola!
(Humilde.)   ¡Dios mío,
                    tiene que ser al instante!

Fernando   Yo iré en busca de tu amante
                    por la ribera del río.

Mariana   (Orgullosa y corrigiendo la timidez y tristeza
                    de Fernando al decir «amante».)
                    Decirte cómo le quiero
                    no me produce rubor.
                    Me escuece dentro su amor
                    y relumbra todo entero.
                    Él ama la libertad
                    y yo la quiero más que él.

46

Lo que dice es mi verdad
agria, que me sabe a miel.
Y no me importa que el día
con la noche se enturbiara,
que con la luz que emanara
su espíritu viviría.
Por este amor verdadero
que muerde mi alma sencilla
me estoy poniendo amarilla
como la flor del romero.

Fernando (Fuerte.)   Mariana, dejo que vuelen
                      tus quejas. Mas ¿no has oído
                      que el corazón tengo herido
                      y las heridas me duelen?

Mariana   (Popular.)
                      Pues si mi pecho tuviera
                      vidrieritas de cristal,
                      te asomaras y lo vieras
                      gotas de sangre llorar.

Fernando   ¡Basta! ¡Dame el documento!

(Mariana se va a una cómoda rápidamente.)

                      ¿Y el caballo?

Mariana   (Sacando los papeles.)
                      En el jardín.
                      Si vas a marchar, al fin,
                      no hay que perder un momento.

| Fernando | (Rápido y nervioso.) |
| | Ahora mismo. |

(Mariana le da los papeles.)

| Fernando | ¿Y aquí va?.. |

| Mariana | (Desazonada.) |
| | Todo. |

| Fernando | (Guardándose el documento en la levita.) |
| | ¡Bien! |

Mariana	¡Perdón, amigo!
	Que el señor vaya contigo.
	Yo espero que así sea.

Fernando	(Natural, digno y suave, poniéndose lenta-
	mente la capa.)
	Yo espero que así será.
	Está la noche cerrada.
	No hay Luna, y aunque la hubiera,
	los chopos de la ribera
	dan una sombra apretada.
	Adiós.
(Le besa la mano.)	Y seca ese llanto,
	pero quédate sabiendo
	que nadie te querrá tanto
	como yo te estoy queriendo.
	Que voy con esta misión
	para no verte sufrir,

torciendo el hondo sentir
de mi propio corazón.

(Inicia el mutis.)

Mariana   Evita guarda o soldado...

Fernando   (Mirándola con ternura.)
                 Por aquel sitio no hay gente.
(Amargamente   Puedo marchar descuidado.
irónico.)   ¿Qué quieres más?

Mariana   (Turbada y balbuciente.)
                 Se prudente.

Fernando   (En la puerta, poniéndose el sombrero.)
                 Ya tengo el alma cautiva;
                 desecha todo temor.
                 Prisionero soy de amor,
                 y lo seré mientras viva.

Mariana   Adiós.

(Coge el candelero.)

Fernando   No salgas, Mariana.
                 El tiempo corre, y yo quiero
                 pasar el puente primero
                 que don Pedro. Hasta mañana.

(Salen.)

Escena VIII

La escena queda solitaria medio segundo. Apenas han salido Mariana y Fernando por una puerta, cuando aparece doña Angustias por la de enfrente, con un candelabro. El fino y otoñal perfume de los membrillos invade el ambiente.

Angustias	Niña, ¿dónde estás? ¡Niña! Pero, señor, ¿qué es esto? ¿Dónde estabas?
Mariana	(Entrando con un candelabro.) Salía con Fernando...
Angustias	¡Qué juego inventaron los niños! Regáñales.
Mariana	(Dejando el candelabro.) ¿Qué hicieron?
Angustias	¡Mariana, la bandera que bordas en secreto...
Mariana	(Interrumpiendo, dramáticamente.) ¿Qué dices?
Angustias	... han hallado en el armario viejo y se han tendido en ella fingiéndose los muertos!

Tilín, talán; abuela,
dile al curita nuestro
que traiga banderolas
y flores de romero;
que traigan encarnadas
clavellinas del huerto.
Ya vienen los obispos,
decían *uri memento*,
y cerraban los ojos
poniéndose muy serios.
Serán cosas de niños;
está bien. Mas yo vengo
muy mal impresionada,
y me da mucho miedo
la dichosa bandera.

Mariana   (Aterrada.)
                        ¿Pero cómo la vieron?
                        ¡Estaba bien oculta!

Angustias   Mariana, ¡triste tiempo
                        para esta antigua casa,
                        que derrumbarse veo,
                        sin un hombre, sin nadie,
                        en medio del silencio!
                        Y luego, tú...

Mariana   (Desorientada y con aire trágico.)
                        ¡Por Dios!

Angustias   Mariana, ¿tú qué has hecho?
                        Cercar estas paredes

	de guardianes secretos.
Mariana	Tengo el corazón loco y no sé lo que quiero.
Angustias	¡Olvídalo, Mariana!
Mariana	(Con pasión.) ¡Olvidarlo no puedo!

(Se oyen risas de niños.)

Angustias	(Haciendo señas para que Mariana calle.) Los niños.
Mariana	Vamos pronto. ¿Cómo alcanzaron eso?
Angustias	Así pasan las cosas. ¡Mariana, piensa en ellos!

(Coge un candelabro.)

Mariana	Sí, sí; tienes razón. Tienes razón. ¡No pienso!

(Salen.)

Telón.

Estampa segunda

Sala principal en la casa de Mariana. Entonación en grises, blancos y marfiles, como una antigua litografía. Estrado blanco, a estilo Imperio. Al fondo, una puerta con una cortina gris, y puertas laterales. Hay una consola con urna y grandes ramos de flores de seda. En el centro de la habitación, un pianoforte y candelabros de cristal. Es de noche. Están en escena la Clavela y los niños de Mariana. Visten la deliciosa moda infantil de la época. La Clavela está sentada, y a los lados, en taburetes, los niños. La estancia es limpia y modesta, aunque conservando ciertos muebles de lujo heredados por Mariana.

Escena I

Clavela   No cuento más.

(Se levanta.)

Niño   (Tirándole del vestido.)
               Cuéntanos otra cosa.

Clavela   ¡Me romperás el vestido!

Niña (Tirando.)   Es muy malo.

Clavela   (Echándoselo en cara.)
               Tu madre lo compró.

Niño   (Riendo y tirando del vestido para que se
               siente.)
               ¡Clavela!

Clavela	(Sentándose a la fuerza y riendo también.) ¡Niños!
Niña	El cuento aquel del príncipe gitano.
Clavela	Los gitanos no fueron nunca príncipes.
Niña	¿Y por qué?
Niño	No los quiero a mi lado. Sus madres son las brujas.
Niña (Enérgica.)	¡Embustero!
Clavela	(Reprendiéndola.) ¡Pero niña!
Niña	Si ayer vi yo rezando al Cristo de la Puerta Real dos de ellos. Tenían unas tijeras así..., y cuatro borriquitos peludos que miraban... con unos ojos..., y movían los rabos dale que le das. ¡Quién tuviera alguno!
Niño (Doctoral.)	Seguramente los habían robado,
Clavela	Ni tanto ni tan poco. ¿Qué se sabe?

(Los niños se hacen burla sacando la lengua.)

¡Chitón!

Niño	¿Y el romancillo del bordado?
Niña	¡Ay duque de Lucena! ¿Cómo dice?
Niño	Olivarito, olivo..., está bordado.

(Como recordando.)

Clavela	Os lo diré; pero cuando se acabe, enseguida a dormir.
Niño	Bueno.
Niña	¡Enterados!
Clavela	(Se persigna lentamente, y los niños la imitan, mirándola.) Bendita sea por siempre la Santísima Trinidad, y guarde al hombre en la sierra y al marinero en el mar. A la verde, verde orilla del olivarito está...
Niña	(Tapando con una mano la boca a Clavela y continuando ella.) Una niña bordando. ¡Madre! ¿Qué bordará?
Clavela	(Encantada de que la niña lo sepa.) Las agujas de plata,

bastidor de cristal,
bordaba una bandera,
cantar que te cantar.
Por el olivo, olivo,
¡madre, quién lo dirá!

Niño (Continuando.)   Venía un andaluz,
                bien plantado y galán.

(Aparece por la puerta del fondo Mariana, vestida de amarillo
claro, un amarillo de libro viejo, y se oye el romance, glosando con
gestos lo que en ella evoca la idea de bandera y muerte.)

Clavela   Niña, la bordadora,
                mi vida, ¡no bordar!
                que el duque de Lucena
                duerme y dormirá.

Niña   La niña le responde:
                «No dices la verdad:
                el duque de Lucena
                me ha mandado bordar
                esta roja bandera
                porque a la guerra va.»

Niño   Por las calles de Córdoba
                lo llevan a enterrar,
                muy vestido de fraile
                en caja de coral.

Niña   (Como soñando.)
                La albahaca y los claveles
                sobre la caja van,

	y un verderol antiguo
	cantando el pío pa.

Clavela
(Con sentimiento.)
¡Ay duque de Lucena,
ya no te veré más!
La bandera que bordo
de nada servirá.
En el olivarito
me quedaré a mirar
cómo el aire menea
las hojas al pasar.

Niño
Adiós, niña bonita,
espigada y juncal,
me voy para Sevilla,
donde soy capitán.

Clavela
Y a la verde, verde orilla
del olivarito está
una niña morena
llorar que te llorar.

(Los niños hacen un gesto de satisfacción. Han seguido el romance
con alto interés.)

Escena II

Mariana
(Avanzando.)
Es hora de acostarse.

Clavela
(Levantándose y a los niños.)

¿Habéis oído?

Niña	(Besando a Mariana.) Mamá, acuéstanos tú.
Mariana	Hija, no puedo, yo tengo que coserte una capita.
Niño	¿Y para mí?
Clavela (Riéndo.)	¡Pues claro está!
Mariana	Un sombrero con una cinta verde y dos naranja.

(Lo besa.)

Clavela	¡A la costa, mis niños!
Niño (Volviendo.)	Yo lo quiero como los hombres: alto y grande, ¿sabes?
Mariana	¡Lo tendrás, primor mío!
Niña	Y entra luego; me gustará sentirte, que esta noche no se ve nada y hace mucho viento.
Mariana	(Bajo a Clavela.) Cuando acabes, te bajas a la puerta.
Clavela	Pronto será; los niños tienen sueño.

Mariana	¡Que recéis sin reíros!
Clavela	¡Sí, señora!
Mariana	(En la puerta.) Una salve a la Virgen y dos credos al Santo Cristo del Mayor Dolor, para que nos protejan.
Niña	Rezaremos la oración de San Juan y la que ruega por caminantes y por marineros.

(Entran. Pausa.)

Escena III

Mariana	(En la puerta.) Dormir tranquilamente, niños míos, mientras que yo, perdida y loca, siento
(Lentamente.)	quemarse con su propia lumbre viva esta rosa de sangre de mi pecho. Soñar en la verbena y el jardín de Cartagena, luminoso y fresco, y en la pájara pinta que se mece en las ramas del verde limonero. Que yo también estoy dormida, niños, y voy volando por mi propio sueño, como van, sin saber adónde van, los tenues vilanicos por el viento.

Escena IV

Aparece doña Angustias en la puerta y en un aparte.

Angustias	Vieja y honrada casa, ¡qué locura!
(A Mariana.)	Tienes una visita.

Mariana	¿Quién?

Angustias	¡Don Pedro!

(Mariana sale corriendo hacia la puerta.)

¡Serénate, hija mía! ¡No es tu esposo!

Mariana	Tienes razón. ¡Pero no puedo!

Escena V

Mariana llega corriendo a la puerta en el momento en que don Pedro entra por ella. Don Pedro tiene treinta y seis años. Es un hombre simpático, sereno y fuerte. Viste correctamente y habla de una manera dulce. Mariana le tiende los brazos y le estrecha las manos. Doña Angustias adopta una triste y reservada actitud. Pausa.

Pedro (Efusivo.)	Gracias, Mariana, gracias.

Mariana	(Casi sin hablar.)
	Cumplí con mi deber.

(Durante esta escena dará Mariana muestras de una vehementísima y profunda pasión.)

Pedro

(Dirigiéndose a doña Angustias.)
Muchas gracias, señora.

Angustias (Triste.)   ¿Y por qué? Buenas noches.
(A Mariana.)   Yo me voy
                     con los niños.
(Aparte.)   ¡Ay, pobre Marianita!

(Sale. Al salir Angustias, Pedro, efusivo, enlaza a Mariana por el talle.)

Pedro

(Apasionado.)
¡Quién pudiera pagarte lo que has hecho por mí!
Toda mi sangre es nueva, porque tú me la has dado
exponiendo tu débil corazón al peligro.
¡Ay, qué miedo tan grande tuve por él, Mariana!

Mariana

(Cerca y abandonada.)
¿De qué sirve mi sangre, Pedro, si tú murieras?
Un pájaro sin aire, ¿puede volar? ¡Entonces...!
(Bajo.)   Yo no podré decirte cómo te quiero nunca;
                     a tu lado me olvido de todas las palabras.

Pedro

(Con voz suave.)

¡Cuántos peligros corres sin el menor desmayo!
¡Qué sola estás, cercada de maliciosa gente!
¡Quién pudiera librarte de aquellos que te acechan
con mi propio dolor y mi vida, Mariana!
¡Día y noche, qué largos sin ti por esa sierra!

Mariana   (Echando la cabeza en el hombro y como soñando.)
¡Así! Deja tu aliento sobre mi frente. Limpia
esta angustia que tengo y este sabor amargo;
esta angustia de andar sin saber dónde voy,
y este sabor de amor que me quema la boca.

(Pausa. Se separa rápidamente del caballero y le coge los codos.)

¡Pedro! ¿No te persiguen? ¿Te vieron entrar?

Pedro   Nadie.
(Se sienta.)   Vives en una calle silenciosa, y la noche
se presenta endiablada.

Mariana   Yo tengo mucho miedo.

Pedro   (Cogiéndole una mano.)
¡Ven aquí!

Mariana   (Se sienta.)
Mucho miedo de que esto se adivine,
de que pueda matarte la canalla realista.
Y si tú...

(Con pasión.)   yo me muero, lo sabes, yo me muero.

Pedro (Con pasión.) ¡Marianita, no temas! ¡Mujer mía! ¡Vida mía!
En el mayor sigilo conspiramos. ¡No temas!
La bandera que bordas temblará por las calles
entre el calor entero del pueblo de Granada.
Por ti la Libertad suspirada por todos
pisará tierra dura con anchos pies de plata.
Pero si así no fuese; si Pedrosa...

Mariana (Aterrada.) ¡No sigas!

Pedro   ... sorprende nuestro grupo y hemos de
morir...

Mariana   ¡Calla!

Pedro   Mariana, ¿qué es el hombre sin libertad? ¿Sin
esa
luz armoniosa y fija que se siente por dentro?
¿Cómo podría quererte no siendo libre, dime?
¿Cómo darte este firme corazón si no es mío?
No temas; ya he burlado a Pedrosa en el
campo,
y así pienso seguir hasta vencer contigo,
que me ofreces tu amor y tu casa y tus dedos.

Mariana   ¡Y algo que yo no sé decir, pero que existe!
¡Qué bien estoy contigo! Pero aunque alegre
noto
un gran desasosiego que me turba y enoja;

me parece que hay hombres detrás de las cortinas,
que mis palabras suenan claramente en la calle.

Pedro (Amargo.)   ¡Eso sí! ¡Qué mortal inquietud, qué amargura!
¡Qué constante pregunta al minuto lejano!
¡Qué otoño interminable sufrí por esa sierra!
¡Tú no lo sabes!

Mariana   Dime: ¿corriste gran peligro?

Pedro   Estuve casi en manos de la justicia,

(Mariana hace un gesto de horror.)

pero
me salvó el pasaporte y el caballo que enviaste
con un extraño joven, que no me dijo nada.

Mariana   (Inquieta y sin querer recordar.)
Y dime.

Pedro   ¿Por qué tiemblas?

Mariana (Nerviosa.) Sigue. ¿Después?

Pedro   Después
vagué por la Alpujarra. Supe que en Gibraltar
había fiebre amarilla; la entrada era imposible,

64

y esperé bien oculto la ocasión. ¡Ya ha llegado!
Venceré con tu ayuda, ¡Mariana de mi vida!
¡Libertad, aunque con sangre llame a todas
las puertas!

Mariana (Radiante.) ¡Mi victoria consiste en tenerte a mi vera!
En mirarte los ojos mientras tú no me miras.
Cuando estás a mi lado olvido lo que siento
y quiero a todo el mundo
hasta al rey y a Pedrosa.
Al bueno como al malo, ¡Pedro!, cuando se
quiere
se está fuera del tiempo,
y ya no hay día ni noche, ¡sino tú y yo!

Pedro   (Abrazándola.)
¡Mariana!
Como dos blancos ríos de rubor y silencio,
así enlazan tus brazos mi cuerpo combatido.

Mariana   (Cogiéndole la cabeza.)
Ahora puedo perderte, puedo perder tu vida.
Como la enamorada de un marinero loco
que navegara eterno sobre una barca vieja,
acecho un mar oscuro, sin fondo ni oleaje,
en espera de gentes que te traigan ahogado.

Pedro   No es hora de pensar en quimeras, que es
hora
de abrir el pecho a bellas realidades cercanas
de una España cubierta de espigas y rebaños,

donde la gente coma su pan con alegría,
en medio de estas anchas eternidades nuestras
y esta aguda pasión de horizonte y silencio.
España entierra y pisa su corazón antiguo,
su herido corazón de Península andante,
y hay que salvarla pronto con manos y con
dientes.

Mariana (Pasional.) Y yo soy la primera que lo pide con ansia.
Quiero tener abiertos mis balcones al Sol
para que llene el suelo de flores amarillas
y quererte, segura de tu amor sin que nadie
me aceche, como en este decisivo momento.
(En un arranque.) ¡Pero ya estoy dispuesta!

(Se levanta.)

Pedro (Entusiasmado, se levanta.)
¡Así me gusta verte,
hermosa Marianita! Ya no tardarán mucho
los amigos, y alienta
ese rostro bravío y esos ojos ardientes
(Amoroso.) sobre tu cuello blanco, que tiene luz de Luna.

(Fuera comienza a llover y se levanta el viento. Mariana hace señas
a Pedro de que calle.)

Escena VI
Clavela (Entrando.) Señora... Me parece que han llamado.

(Pedro y Mariana adoptan actitudes indiferentes. Dirigiéndose a don Pedro.)

¡Don Pedro!

Pedro (Sereno.)   ¡Dios te guarde!

Mariana   ¿Tú sabes quién vendrá?

Clavela   Sí, señora; lo sé.

Mariana   ¿La seña?

Clavela   No la olvido.

Mariana   Antes de abrir, que mires por la mirilla grande.

Clavela   Así lo haré, señora.

Mariana   No enciendas luz ninguna,
                    pero ten en el patio
                    un velón prevenido,
                    y cierra la ventana del jardín.

Clavela   (Marchándose.)
                    Enseguida.

Mariana   ¿Cuántos vendrán?

Pedro   Muy pocos.
                    Pero los que interesan.

Mariana	¿Noticias?
Pedro	Las habrá dentro de unos instantes. Si, al fin, hemos de alzarnos, decidiremos.
Mariana	¡Calla!

(Hace ademán a don Pedro de que se calle, y queda escuchando. Fuera se oye la lluvia y el viento.)

¡Ya están aquí!

Pedro	(Mirando el reloj.) Puntuales, como buenos patriotas. ¡Son gente decidida!
Mariana	¡Dios nos ayude a todos!
Pedro	¡Ayudará!
Mariana	¡Debiera, si mirase a este mundo!

(Mariana, corriendo, avanza hasta la puerta y levanta la gran cortina del fondo.)

¡Adelante, señores!

Escena VII

Entran tres caballeros con amplias capas grises; uno de ellos lleva patillas, Mariana y don Pedro los reciben amablemente. Los caballeros dan la mano a Mariana y a don Pedro.

Mariana	(Dando la mano al conspirador 1.) ¡Ay, qué manos tan frías!
Conspirador 1	(Franco.) ¡Hace un frío que corta! Y me he olvidado de los guantes; pero aquí se está bien.
Mariana	¡Llueve de veras!
Conspirador 3	(Decidido.) ¡El Zacatín estaba intransitable.

(Se quitan las capas, que sacuden de lluvia.)

Conspirador 2	(Melancólico.) La lluvia, como un sauce de cristal, sobre las casas de Granada cae.
Conspirador 3	Y el Darro viene lleno de agua turbia.
Mariana	¿Les vieron?
Conspirador 2	(Melancólico. Habla poco y pausadamente.) ¡No! Vinimos separados

hasta la entrada de esta oscura calle.

Conspirador 1   ¿Habrá noticias para decidir?

Pedro   Llegaran esta noche, Dios mediante.

Mariana   Hablen bajo.

Conspirador 1   (Sonriendo.)
                 ¿Por qué, doña Mariana?
                 Toda la gente duerme en este instante.

Pedro   Creo que estamos seguros.

Conspirador 3   No lo afirmes;
                 Pedrosa no ha cesado de espiarme,
                 y aunque yo lo despisto sagazmente,
                 continúa en acecho, y algo sabe.

(Unos se sientan y otros quedan de pie, componiendo una bella estampa.)

Mariana   Ayer estuvo aquí.

(Los caballeros hacen un gesto de extrañeza.)

                 ¡Como es mi amigo
                 no quise, porque no debía, negarme!
                 Hizo un elogio de nuestra ciudad;
                 pero mientras hablaba, tan amable,
                 me miraba..., no sé..., ¡como sabiendo!,
(Subrayando.)   de una manera penetrante.

En una sorda lucha con mis ojos
estuvo aquí toda la tarde,
y Pedrosa es capaz... ¡de lo que sea!

Pedro   No es posible que pueda figurarse...

Mariana   Yo no estoy muy tranquila, y os lo digo
                   para que andemos con cautela grande.
                   De noche, cuando cierro las ventanas,
                   imagino que empuja los cristales.

Pedro   (Mirando el reloj.)
                   Ya son las once y diez. El emisario
                   debe estar ya muy cerca de esta calle.

Conspirador 3   (Mirando el reloj.)
                   Poco debe tardar.

Conspirador 1   ¡Dios lo permita!
                   ¡Que me parece un siglo cada instante!

(Entra Clavela con una bandeja de altas copas de cristal tallado y
un frasco lleno de vino rojo, que deja sobre un velador. Mariana
habla con ella.)

Pedro   Estarán sobre aviso los amigos.

Conspirador 1   Enterados están. No falta nadie.
                   Todo depende de lo que nos digan
                   esta noche.

Pedro   La situación es grave,

pero excelente si la aprovecharnos.

(Sale Clavela, y Mariana corre la cortina.)

Hay que estudiar hasta el menor detalle,
porque el pueblo responde, sin dudar,
Andalucía tiene todo el aire
lleno de Libertad. Esta palabra
perfuma el corazón de sus ciudades,
desde las viejas torres amarillas
hasta los troncos de los olivares.
Esa costa de Málaga está llena
de gente decidida a levantarse
pescadores del Palo, marineros
y caballeros principales.
Nos siguen pueblos como Nerja, Vélez,
que aguardan las noticias, anhelantes.
Hombres de acantilado y mar abierto,
y, por lo tanto, libres como nadie.
Algeciras acecha la ocasión,
y en Granada, señores de linaje
como vosotros exponen su vida
de una manera emocionante.
¡Ay, qué impaciencia tengo!

Conspirador 3   Como todos
                 los verdaderamente liberales.

Mariana (Tímida.)   Pero ¿habrá quien os siga?

Pedro (Convencido.) Todo el mundo.

Mariana	¿A pesar de este miedo?
Pedro (Seco.)	Sí.
Mariana	No hay nadie que vaya a la Alameda del Salón tranquilamente a pasearse, y el café de la Estrella está desierto.
Pedro (Entusiasta.)	¡Mariana, la bandera que bordaste será acatada por el rey Fernando, mal que le pese a Calomarde!
Conspirador 3	Cuando ya no le quede otro recurso, se rendirá a las huestes liberales, que aunque se finja desvalido y solo, no cabe duda que él hace y deshace.
Mariana	¿No es Fernando un juguete de los suyos?
Conspirador 3	¿No tarda mucho?
Pedro (Inquieto.)	Yo no sé decirte.
Conspirador 3	¿Si lo habrán detenido?
Conspirador 1	No es probable, Oscuridad y lluvia le protegen, y él está siempre vigilante.
Mariana	Ahora llega.

Pedro   Y al fin sabremos algo.

(Se levantan y se dirigen a la puerta.)

Conspirador 3 Bien venido, si buenas cartas trae.

Mariana   (Apasionada, a Pedro.)
      Pedro, mira por mí. Sé muy prudente,
      que me falta muy poco para ahogarme.

Escena VIII

Aparece por la puerta el Conspirador 4. Es un hombre fuerte; campesino rico. Viste el traje popular de la época: sombrero puntiagudo de alas de terciopelo, adornado con borlas de seda; chaqueta con bordados y aplicaduras de paño de todos los colores en los codos, en la bocamanga y en el cuello. El pantalón, de vueltas, sujeto por botones de filigrana, y las polainas, de cuero, abiertas por un costado, dejando ver la pierna. Trae una dulce tristeza varonil. Todos los personajes están de pie cerca de la puerta de entrada. Mariana no oculta su angustia, y mira, ya al recién llegado, ya a don Pedro, con un aire doliente y escrutador.

Conspirador 4 ¡Caballeros! ¡Doña Mariana!

(Estrecha la mano de Mariana.)

Pedro (Impaciente.) ¿Hay noticias?

Conspirador 4 ¡Tan malas como el tiempo!

Pedro   ¿Que ha pasado?

Conspirador 1	(Irritado.)
	Casi lo adivinaba.
Mariana (A Pedro.)	¿Te entristeces?
Pedro	¿Y las gentes de Cádiz?
Conspirador 4	Todo en vano.
	Hay que estar prevenidos. El Gobierno
	por todas partes nos está acechando.
	Tendremos que aplazar el alzamiento,
	o luchar o morir, de lo contrario.
Pedro	(Desesperado.)
	Yo no sé qué pensar; que tengo abierta
	una herida que sangra en mi costado,
	y no puedo esperar, señores míos.
Conspirador 3	(Fuerte.)
	Don Pedro, triunfaremos esperando.
	La situación no puede durar mucho.
Conspirador 4	(Fuerte.)
	Ahora mismo tenemos que callarnos.
	Nadie quiere una muerte sin provecho.
Pedro	(Fuerte también.)
	Mucho dolor me cuesta.
Mariana	(Angustiada.)
	¡Hablen más bajo!

(Se pasea.)

Conspirador 4	España entera calla, ¡pero vive! Guarde bien la bandera.
Mariana	La he mandado a casa de una vieja amiga mía, allá en el Albaicín, y estoy temblando. Quizá estuviera aquí mejor guardada.
Pedro	¿Y en Málaga?
Conspirador 4	En Málaga, un espanto. El canalla de González Moreno... No se puede contar lo que ha pasado.

(Expectación vivísima, Mariana, sentada en el sofá, junto a don Pedro, después de todo el juego escénico que ha realizado, oye anhelante lo que cuenta el Conspirador 4.)

> Torrijos, el general
> noble, de la frente limpia,
> donde se estaban mirando
> las gentes de Andalucía,
> caballero entre los duques,
> corazón de plata fina,
> ha sido muerto en las playas
> de Málaga la bravía.
> Le atrajeron con engaños
> que él creyó, por su desdicha,
> y se acercó, satisfecho

con sus buques, a la orilla,
¡Malhaya el corazón noble
que de los malos se fía!,
que al poner el pie en la arena
lo prendieron los realistas.
El vizconde de La Barthe,
que mandaba las milicias,
debió cortarse la mano
antes de tal villanía,
como es quitar a Torrijos
bella espada que ceñía,
con el puño de cristal,
adornado con dos cintas.
Muy de noche lo mataron
con toda su compañía.
Caballero entre los duques,
corazón de plata fina.
Grandes nubes se levantan
sobre la tierra de Mijas.
El viento mueve la mar
y los barcos se retiran
con los remos presurosos
y las velas extendidas.
Entre el ruido de las olas
sonó la fusilería,
y muerto quedó en la arena,
sangrando por tres heridas,
el valiente caballero,
con toda su compañía.
La muerte, con ser la muerte,
no deshojó su sonrisa.
Sobre los barcos lloraba

toda la marinería,
y las más bellas mujeres,
enlutadas y afligidas,
lo iban llorando también
por el limonar arriba.

Pedro   (Levantándose, después de oír el Romance.)
               Cada dificultad me da más bríos.
               Señores, a seguir nuestro trabajo.
               La muerte de Torrijos me enardece
               para seguir luchando.

Conspirador 1 Yo pienso así.

Conspirador 4 Pero hay que estarse quietos;
               otro tiempo vendrá.

Conspirador 2 (Conmovido.)
               ¡Tiempo lejano!

Pedro   Pero mis fuerzas se agotarán.

Mariana   (Bajo, a Pedro.)
               Pedro, mientras yo viva...

Conspirador 1 ¿Nos marchamos?

Conspirador 3 No hay nada que tratar. Tienes razón.

Conspirador 4 Esto es lo que tenía que contaros,
               y nada más.

Conspirador 1	Hay que ser optimistas.
Mariana	¿Gustarán de una copa?
Conspirador 4	La aceptamos porque nos hace falta.
Conspirador 1	¡Buen acuerdo!

(Se ponen de pie y cogen sus copas.)

Mariana	(Llenando los vasos.) ¡Cómo llueve!

(Fuera se oye la lluvia.)

Conspirador 3	¡Don Pedro está apenado!
Conspirador 4	¡Como todos nosotros!
Pedro	¡Es verdad! Y tenemos razones para estarlo.
Mariana	Pero a pesar de esta opresión aguda y de tener razones para estarlo...

(Levantando la copa.)

«Luna tendida, marinero en pie»,
dicen allá, por el Mediterráneo,
las gentes de veleros y fragatas.

	¡Como ellos, hay que estar siempre ace-chando!
(Como en sueños.)	«Luna tendida, marinero en pie.»

Pedro (Con la copa.) Que sean nuestras casas como barcos.

(Beben. Pausa. Fuera se oyen aldabonazos lejanos. Todos quedan con las copas en la mano, en medio de un gran silencio.)

Mariana	Es el viento que cierra una ventana.

(Otro aldabonazo.)

Pedro	¿Oyes, Mariana?

Conspirador 4	¿Quién será?

Mariana	(Llena de angustia.) ¡Dios Santo!

Pedro (Acariciador.) ¡No temas! Ya verás cómo no es nada.

(Todos están con las capas puestas, llenos de inquietud.)

Clavela	(Entrando casi ahogada.) ¡Ay señora! ¡Dos hombres embozados, y Pedrosa con ellos!

Mariana	(Gritando, llena de pasión.) ¡Pedro, vete! ¡Y todos, Virgen santa! ¡Pronto!

Pedro (Confuso.)   ¡Vamos!

(Clavela quita las copas y apaga los candelabros.)

Conspirador 4   Es indigno dejarla.

Mariana (A Pedro.) ¡Date prisa!

Pedro   ¿Por dónde?

Mariana (Loca.)   ¡Ay! ¿Por dónde?

Clavela   ¡Están llamando!

Mariana (Iluminada.)   ¡Por aquella ventana del pasillo
                     saltarás fácilmente! Ese tejado
                     está cerca del suelo.

Conspirador 2   ¡No debemos
                     dejarla abandonada!

Pedro (Enérgico.)   ¡Es necesario!
                     ¿Cómo justificar nuestra presencia?

Mariana   Sí, sí, vete enseguida. ¡Ponte a salvo!

Pedro (Apasionado.) ¡Adiós, Mariana!

Mariana   ¡Dios os guarde, amigos!

(Van saliendo rápidamente por la puerta de la derecha. Clavela está asomada a una rendija del balcón, que da a la calle. Mariana, en puerta, dice:)

¡Pedro..., y todos, que tengáis cuidado!

(Cierra la puertecilla de la izquierda, por donde han salido los Conspiradores, y corre la cortina. Luego, dramática:)

¡Abre, Clavela! Soy una mujer
que va atada a la cola de un caballo.

(Sale Clavela. Se dirige rápidamente al fortepiano.)

¡Dios mío, acuérdate de tu pasión
y de las llagas de tus manos!

(Se sienta y empieza a cantar la canción del Contrabandista, original de Manuel García 1808.)

Yo que soy contrabandista
y campo por mis respetos
a todos los desafío,
pues a nadie tengo miedo.
¡Ay! ¡Ay!
¡Ay muchachos! ¡Ay muchachas!

¿Quién me compra hilo negro?
Mi caballo está rendido
¡y yo me muero de sueño!
¡Ay!
¡Ay! Que la ronda ya viene

y se empezó el tiroteo!
¡Ay! ¡Ay! Caballito mío
caballo mío careto.
¡Ay!
¡Ay! Caballo, ve ligero.
¡Ay! Caballo, que me muero.
¡Ay!

(Ha de cantar con un admirable y desesperado sentimiento, escuchando los pasos de Pedrosa por la escalera.)

Escena IX

Las cortinas del fondo se levantan y aparece Clavela, aterrada, con
el candelabro de tres bujías en una mano y la otra puesta sobre el
pecho. Pedrosa, vestido de negro, con capa, llega detrás. Pedrosa
es un tipo seco, de una palidez intensa y de una admirable sere-
nidad. Dirá las frases con ironía muy velada y mirará minuciosa-
mente a todos lados, pero con corrección. Es antipático. Hay que
huir de la caricatura. Al entrar Pedrosa, Mariana deja de tocar y
se levanta del fortepiano. Silencio.

Mariana	Adelante.

Pedrosa	(Adelantándose.)
	Señora, no interrumpa
	por mí la cancioncilla que ahora mismo
	entonaba.

(Pausa.)

Mariana	(Queriendo sonreír.)

La noche estaba triste
y me puse a cantar.

(Pausa.)

Pedrosa   He visto luz
               en su balcón y quise visitarla.
               Perdone si interrumpo sus quehaceres.

Mariana   Se lo agradezco mucho.

Pedrosa   ¡Qué manera
               de llover!

(Pausa. En esta escena habrá pausas imperceptibles y rotundos silencios instantáneos, en los cuales luchan desesperadamente las
almas de los dos personajes. Escena delicadísima de matizar, pro-
curando no caer en exageraciones que perjudiquen su emoción.
En esta escena se ha de notar mucho más lo que no se dice que lo
que se está hablando. La lluvia, discretamente imitada y sin ruido
excesivo, llegará de cuando en cuando a llenar silencios.)

Mariana   (Con intención.)
               ¿Es muy tarde?

(Pausa.)

Pedrosa   (Mirándola fijamente, y con intención tam-
               bién.)
               ¡Sí! Muy tarde.
               El reloj de la Audiencia ya hace rato
               que dio las once.

Mariana	(Serena e indicando asiento a Pedrosa.) No las he sentido.
Pedrosa	(Sentándose.) Yo las sentí lejanas. Ahora vengo de recorrer las calles silenciosas, calado hasta los huesos por la lluvia, resistiendo ese gris fino y glacial que viene de la Alambra.
Mariana	(Con intención y rehaciéndose.) El aire helado que clava agujas sobre los pulmones y para el corazón.
Pedrosa	(Devolviéndole la ironía.) Pues ese mismo. Cumplo deberes de mi duro cargo. Mientras que usted, espléndida Mariana, en su casa, al abrigo de los vientos, hace encajes... o borda...
(Como recordando.)	¿Quién me ha dicho que bordaba muy bien?
Mariana	(Aterrada, pero con cierta serenidad.) ¿Es un pecado?
Pedrosa	(Haciendo una seña negativa.) El Rey nuestro Señor, que Dios proteja,
(Se inclina.)	se entretuvo bordando en Valençay con su tío el infante don Antonio.

Ocupación bellísima.

Mariana   (Entre dientes.)
                   ¡Dios mío!

Pedrosa   ¿Le extraña mi visita?

Mariana   (Tratando de sonreír.)
                   ¡No!

Pedrosa (Serio.)   ¡Mariana!
(Pausa.)   Una mujer tan bella como usted,
                   ¿no siente miedo de vivir tan sola?

Mariana   ¿Miedo? ¡Ninguno!

Pedrosa   (Con intención.)
                   Hay tantos liberales
                   y tantos anarquistas en Granada,
                   que la gente no vive muy segura.
(Firme.)   ¡Usted ya lo sabrá!

Mariana (Digna.)   ¡Señor Pedrosa!
                   ¡Soy mujer de mi casa y nada más!

Pedrosa   (Sonriendo.)
                   Y yo soy juez. Por eso me preocupo
                   de estas cuestiones. Perdonad, Mariana.
(Pausa.)   Pero hace ya tres meses que ando loco
                   sin poder capturar a un cabecilla...

(Pausa. Mariana trata de escuchar y juega con su sortija, conteniendo su angustia y su indignación.)

Pedrosa	(Como recordando, con frialdad.) Un tal don Pedro de Sotomayor.
Mariana	Es probable que esté fuera de España.
Pedrosa	No; yo espero que pronto será mío.

(Al oír eso Mariana tiene un ligero desvanecimiento nervioso; lo suficiente para que se le escape la sortija de la mano, más bien, la arroja ella para evitar la conversación.)

Mariana	(Levantándose.) ¡Mi sortija!
Pedrosa (Con intención.)	¿Cayó? Tenga cuidado.

Mariana (Nerviosa.) Es mi anillo de bodas; no se mueva,
                     y vaya a pisarlo.

(Busca.)

Pedrosa	Está muy bien.
Mariana	Parece que una mano invisible lo arrancó.
Pedrosa	Tenga más calma.

(Frío.)   Mire.

(Señala el sitio donde ve el anillo, al mismo tiempo que avanzan.)

                    ¡Ya está aquí!

(Mariana se inclina para recogerlo antes que Pedrosa; éste queda
a su lado, y en el momento de levantarse Mariana, la enlaza rápidamente y la besa.)

Mariana   (Dando un grito y retirándose.)
                   ¡Pedrosa!

(Pausa. Mariana rompe a llorar de furor.)

Pedrosa (Suave.)   Grite menos.

Mariana   ¡Virgen Santa!

Pedrosa   (Sentándose.)
                   Me parece que este llanto está de más.
                   Mi señora Mariana esté serena.

Mariana   (Arrancándose desesperada y cogiendo a Pe-
                   drosa por la solapa.)
                   ¿Qué piensa de mí? ¡Diga!

Pedrosa (Impasible.)Muchas cosas.

Mariana   Pues yo sabré vencerlas. ¿Qué pretende?
                   Sepa que yo no tengo miedo a nadie.
                   Como el agua que nace soy de limpia,

y me puedo manchar si usted me toca;
pero sé defenderme. ¡Salga pronto!

Pedrosa
(Fuerte y lleno de ira.)
¡Silencio!

(Pausa. Frío.)
Quiero ser amigo suyo.
Me debe agradecer esta visita.

Mariana (Fiera.)
¿Puedo yo permitir que usted me insulte?
¿Que penetre de noche en mi vivienda
para que yo...? ¡Canalla! No sé cómo...

(Se contiene.)
¡Usted quiere perderme!

Pedrosa (Cálido.)
¡Lo contrario!
Vengo a salvarla.

Mariana (Bravía.)
¡No lo necesito!

(Pausa.)

Pedrosa
(Fuerte y dominador, acercándose con una
agria sonrisa.)
¡Mariana! ¿Y la bandera?

Mariana (Turbada.)
¿Qué bandera?

Pedrosa
(Las coge.)
¡La que bordó con esas manos blancas
en contra de las leyes y del Rey!

Mariana
¿Qué infame le mintió?

Pedrosa
(Indiferente.)

¡Muy bien bordada!
De tafetán morado y verdes letras.
Allá en el Albaicín, la recogimos,
y ya está en mi poder como tu vida.
Pero no temas; soy amigo tuyo.

(Mariana queda ahogada.)

Mariana   (Casi desmayada.)
                 Es mentira, mentira.

Pedrosa   Sé también
                 que hay mucha gente complicada.
                 Espero que dirás sus nombres, ¿verdad?

(Bajando la voz y apasionadamente.)

                 Nadie sabrá lo que ha pasado, yo te quiero
                 mía, ¿lo estás oyendo? Mía o muerta.
                 Me has despreciado siempre; pero ahora
                 puedo apretar tu cuello con mis manos,
                 este cuello de nardo transparente,
                 y me querrás porque te doy la vida.

Mariana   (Tierna y suplicante en medio de su desespe-
                 ración, abrazándose a Pedrosa.)
                 ¡Tenga piedad de mí! ¡Si usted supiera!
                 Y déjeme escapar. Yo guardaré
                 su recuerdo en las niñas de mis ojos.
                 ¡Pedrosa, por mis hijos!...

Pedrosa   (Abrazándola, sensual.)

La bandera
No la has bordado tú, linda Mariana,
y ya eres libre porque así lo quiero...

(Mariana al ver cerca de sus labios los labios de Pedrosa, lo rechaza, reaccionando de una manera salvaje.)

Mariana   ¡Eso nunca! ¡Primero doy mi sangre!
                   Que me cueste dolor, pero con honra.
                   ¡Salga de aquí!

Pedrosa   (Reconviniéndola.)
                   ¡Mariana!

Mariana   ¡Salga pronto!

Pedrosa   (Frío y reservado.)
                   ¡Está muy bien! Yo seguiré el asunto
                   y usted misma se pierde.

Mariana   ¡Qué me importa!
                   Yo bordé la bandera con mis manos;
                   con estas manos, ¡mírelas, Pedrosa!
                   y conozco muy grandes caballeros
                   que izarla pretendían en Granada.
                   ¡Mas no diré sus nombres!

Pedrosa   ¡Por la fuerza
                   delatará! ¡Los hierros duelen mucho,
                   y una mujer es siempre una mujer!
                   ¡Cuando usted quiera me avisa!

Mariana	¡Cobarde! ¡Aunque en mi corazón clavaran vidrios no hablaría!
(En un arranque.)	¡Pedrosa, aquí me tiene!
Pedrosa	¡Ya veremos!...
Mariana	¡Clavela, el candelabro!

(Entra Clavela, aterrada, con las manos cruzadas sobre el pecho.)

Pedrosa	No hace falta, señora. Queda usted detenida en nombre de la ley.
Mariana	¿En nombre de qué ley?
Pedrosa	(Frío y ceremonioso.) ¡Buenas noches!

(Sale.)

Clavela (Dramática.)	¡Ay, señora; mi niña, clavelito, prenda de mis entrañas!
Mariana	(Llena de angustia y de terror.) Isabel, yo me voy. Dame el chal.
Clavela	¡Sálvese pronto!

(Se asoma a la ventana. Fuera se oye otra vez la fuerte lluvia.)

Mariana	¡Me iré a casa de don Luis! ¡Cuida los niños!
Clavela	¡Se han quedado en la puerta! ¡No se puede!
Mariana	Claro está.

(Señalando al sitio por donde han salido los Conspiradores.)

¡Por aquí!

Clavela	¡Es imposible!

(Al cruzar Mariana, por la puerta aparece doña Angustias.)

Angustias	¡Mariana! ¿Dónde vas? Tu niña llora. Tiene miedo del aire y de la lluvia.
Mariana	¡Estoy presa! ¡Estoy presa, Clavela!
Angustias	(Abrazándola.) ¡Marianita!
Mariana	(Arrojándose en el sofá.) ¡Ahora empiezo a morir!

(Las dos mujeres la abrazan.)

Mírame y llora. ¡Ahora empiezo a morir!

Telón rápido

Estampa tercera

Convento de Santa María Egipciaca, de Granada. Rasgos árabes. Arcos, cipreses, fuentecillas y arrayanes. Hay unos bancos y unas viejas sillas de cuero. Al levantarse el telón está la escena solitaria. Suenan el órgano y las lejanas voces de las monjas. Por el fondo vienen corriendo de puntillas mirando a todos lados para que no las vean dos novicias. Visten toquitas blancas y trajes azules. Se acercan con mucho sigilo a una puerta de la izquierda y miran por el ojo de la cerradura.

Escena I

Novicia 1 ¿Qué hace?

Novicia 2 (En la cerradura.)
¡Habla más bajito!
Está rezando.

Novicia 1 ¡Deja!

(Se pone a mirar.) ¡Qué blanca está, qué blanca!
Reluce su cabeza
en la sombra del cuarto.

Novicia 2 ¿Reluce su cabeza?
Yo no comprendo nada.
Es una mujer buena,
y la quieren matar.
¿Tú qué dices?

Novicia 1 Quisiera

	mirar su corazón
	largo rato y muy cerca.
Novicia 2	¡Qué mujer tan valiente! Cuando ayer
	vinieron a leerle la sentencia
	de muerte, no ocultó
	su sonrisa.
Novicia 1	En la iglesia
	la vi después llorando
	y me parecía que ella
	tenía el corazón en la garganta.
	¿Qué es lo que ha hecho?
Novicia 2	Bordó una bandera.
Novicia 1	¿Bordar es malo?
Novicia 2	Dicen que es masona.
Novicia 1	¿Qué es eso?
Novicia 2	Pues... ¡no sé!
Novicia 1	¿Por qué está presa?
Novicia 2	Porque no quiere al rey.
Novicia 1	¿Qué más da? ¿Se habrá visto?
Novicia 2	¡Ni a la reina!

Novicia 1	Yo tampoco los quiero,
(Mirando.)	¡Ay Mariana Pineda!
	Ya están abriendo flores
	que irán contigo muerta.

(Aparece por la puerta del foro la madre sor Carmen Borja.)

Carmen	Pero, niñas, ¿qué miráis?

Novicia 1	(Asustada.)
	Hermana...

Carmen	¿No os da vergüenza?
	Ahora mismo, al obrador.
	¿Quién os enseñó esa fea
	costumbre? ¡Ya nos veremos!

Novicia 1	¡Con licencia!

Novicia 2	¡Con licencia!

(Se van. Cuando la madre Carmen se ha convencido de que las otras se han marchado, se acerca también con sigilo y mira por el ojo la llave.)

Carmen	¡Es inocente! ¡No hay duda!
	¡Calla con una firmeza!
	¿Por qué? Yo no me lo explico.
(Sobresaltada.)	¡Viene!

(Sale corriendo.)

Escena II

Mariana aparece con un espléndido traje blanco. Está palidísima.

Mariana   ¡Hermana!

Carmen   (Volviéndose.)
                ¿Qué desea?

Mariana   ¡Nada!

Carmen   ¡Decidlo, señora!

Mariana   Pensaba...

Carmen   ¿Qué?

Mariana   Si pudiera
                quedarme aquí, en el Beaterio,
                para siempre.

Carmen   ¡Qué contentas
                nos pondríamos!

Mariana   ¡No puedo!

Carmen   ¿Por qué?

Mariana   (Sonriendo.)
                Porque ya estoy muerta.

Carmen (Asustada.) ¡Doña Mariana, por Dios!

Mariana   Pero el mundo se me acerca,
                 las piedras, el agua, el aire,
                 ¡comprendo que estaba ciega!

Carmen   ¡La indultarán!

Mariana   (Con sangre fría.)
                 ¡Ya veremos!
                 Este silencio me pesa
                 mágicamente. Se agranda
                 como un techo de violetas,
(Apasionada.)   y otras veces finge en mí
                 una larga cabellera.
                 ¡Ay, qué buen soñar!

Carmen   (Cogiéndole de la mano.)
                 ¡Mariana!

Mariana   ¿Cómo soy yo?

Carmen   Eres muy buena.

Mariana   Soy una gran pecadora;
                 pero amé de una manera
                 que Dios me perdonará
                 como a Santa Magdalena.

Carmen   Fuera del mundo y en él
                 perdona.

Mariana	¡Si usted supiera! ¡Estoy muy herida, hermana, por las cosas de la tierra!
Carmen	Dios está lleno de heridas de amor, que nunca se cierran.
Mariana	Nace el que muere sufriendo, ¡comprendo que estaba ciega!
Carmen	(Apenada al ver el estado de Mariana.) ¡Hasta luego! ¿Asistirá esta tarde a la novena?
Mariana	Como siempre. ¡Adiós, hermana!

(Se va Carmen.)

Escena III

Mariana se dirige al fondo rápidamente, con todo género de precauciones, y allí aparece Alegrito, jardinero del convento. Ríe constantemente, con una sonrisa suave y sana. Viste traje de cazador de la época.

Mariana	¡Alegrito! ¿Qué?
Alegrito	¡Paciencia para lo que vais a oír!
Mariana	¡Habla pronto, no nos vean! ¿Fuiste a casa de don Luis?

Alegrito	Y me han dicho que les era imposible pretender salvarla. Que ni lo intentan, porque todos morirían; pero que harán lo que puedan.
Mariana (Valiente.)	¡Lo harán todo! ¡Estoy segura! Son gentes de la nobleza, y yo soy noble, Alegrito, ¿No ves cómo estoy serena?
Alegrito	Hay un miedo que da miedo. Las calles están desiertas. Solo el viento viene y va; pero la gente se encierra. No encontré más que una niña llorando sobre la puerta de la antigua Alcaicería.
Mariana	¿Crees que van a dejar que muera la que tiene menos culpa?
Alegrito	Yo no sé lo que ellos piensan.
Mariana	¿Y de lo demás?
Alegrito (Turbado.)	¡Señora!...
Mariana	Sigue hablando.
Alegrito	No quisiera.

(Mariana hace un gesto de impaciencia.)

El caballero don Pedro
de Sotomayor se aleja
de España, según me han dicho.
Dicen que marcha a Inglaterra.
Don Luis lo sabe de cierto.

Mariana   (Sonríe incrédula y dramática, porque en el fondo sabe que es verdad.)
Quien te lo dijo desea
aumentar mi sufrimiento.
¡Alegrito, no lo creas!
¿Verdad que tú no lo crees?

(Angustiada.)

Alegrito (Turbado.)   Señora, lo que usted quiera.

Mariana   Don Pedro vendrá a caballo
como loco cuando sepa
que yo estoy encarcelada
por bordarle su bandera.
Y, si me matan, vendrá
para morir a mi vera,
que me lo dijo una noche
besándome la cabeza.
Él vendrá como un San Jorge
de diamantes y agua negra,
al aire la deslumbrante
flor de su capa bermeja.

Y porque es noble y modesto,
para que nadie lo vea,
vendrá por la madrugada,
por la madrugada fresca,
cuando sobre el cielo oscuro
brilla el limonar apenas
y el alba finge en las olas
fragatas de sombra y seda.
¿Tú qué sabes? ¡Qué alegría!
No tengo miedo, ¿te enteras?

Alegrito   ¡Señora!

Mariana   ¿Quién te lo ha dicho?

Alegrito   Don Luis.

Mariana   ¿Sabe la sentencia?

Alegrito   Dijo que no la creía.

Mariana   (Angustiada.)
                  Pues es muy verdad.

Alegrito   Me apena
                  darle tan malas noticias.

Mariana   ¡Volverás!

Alegrito   Lo que usted quiera.

Mariana   Volverás para decirles

que yo estoy muy satisfecha
porque sé que vendrán todos,
¡y son muchos!, cuando deban.
¡Dios te lo pague!

Alegrito   Hasta luego.

(Salen.)

Escena IV

Mariana   (En voz baja.)
            Y me quedo sola mientras
            que, bajo la acacia en flor
            del jardín, mi muerte acecha.

(En voz baja y dirigiéndose al huerto.)

            Pero mi vida está aquí.
            Mi sangre se agita y tiembla,
            como un árbol de coral
            con la marejada tierna.

            Y aunque tu caballo pone
            cuatro lunas en las piedras
            y fuego en la verde brisa
            débil de la primavera,
            ¡corre más! ¡Ven a buscarme!
            Mira que siento muy cerca
            dedos de hueso y de musgo
            acariciar mi cabeza.

(Se dirige al jardín como si hablara con alguien.)

> No puedes entrar. ¡No puedes!
> ¡Ay Pedro! Por ti no entra;
> pero sentada en la fuente
> toca una blanda vihuela.

(Se sienta en un banco y apoya la cabeza sobre sus manos. En el jardín se oye una guitarra.)

Voz

> A la vera del agua,
> sin que nadie la viera,
> se murió mi esperanza.

Mariana

> (Repitiendo exquisitamente la canción.)
> A la vera del agua,
> sin que nadie la viera,
> se murió mi esperanza.

(Por el foro aparecen dos monjas, seguidas de Pedrosa. Mariana no los ve.)

Mariana

> Esta copla está diciendo
> lo que saber no quisiera.
> Corazón sin esperanza,
> ¡que se lo trague la tierra!

Carmen

Aquí está, señor Pedrosa,

Mariana

> (Asustada, levantándose y como saliendo de un sueño.)
> ¿Quién es?

Pedrosa   ¡Señora!

(Mariana queda sorprendida y deja escapar una exclamación. Las monjas inician el mutis.)

Mariana   (A las monjas.)
                 ¿Nos dejan?

Carmen   Tenemos que trabajar...

(Se van. Hay en estos momentos una gran inquietud en escena. Pedrosa, frío y correcto, mira intensamente a Mariana, y ésta, melancólica, pero valiente, recoge sus miradas.)

Escena V
Pedrosa viste de negro, con capa. Su aire frío debe hacerse notar.

Mariana   Me lo dio el corazón: ¡Pedrosa!

Pedrosa   El mismo
                 que aguarda, como siempre, sus noticias.
                 ¿No os parece?

Mariana   Siempre es hora
                 de callar y vivir con alegría.

(Se sienta en un banco. En este momento, y durante todo el acto, Mariana tendrá un delirio delicadísimo, que estallara al final.)

Pedrosa   ¿Conoce la sentencia?

Mariana   La conozco.

Pedrosa   ¿Y bien?

Mariana (Radiante.) Pero yo pienso que es mentira.
                 Tengo el cuello muy corto para ser
                 ajusticiada. Ya ve. No podrían.
                 Además, es hermoso y blanco; nadie
                 querrá tocarlo.

Pedrosa   (Completando.)
                 ¡Mariana!

Mariana (Fiera.) Se olvida
                 que para que yo muera tiene toda
                 Granada que morir. Y que saldrían
                 muy grandes caballeros a salvarme,
                 porque soy noble. Porque yo soy hija
                 de un capitán de navío, Caballero
                 de Calatrava. ¡Déjeme tranquila!

Pedrosa   No habrá nadie en Granada que se asome
                 cuando usted pase con su comitiva.
                 Los andaluces hablan; pero luego...

Mariana   Me dejan sola; ¿y qué? Uno vendría
                 para morir conmigo, y esto basta.
                 ¡Pero vendrá para salvar mi vida!

(Sonríe y respira fuertemente, llevándose las manos al pecho.)

Pedrosa	(En un arranque.)
	Yo no quiero que mueras tú, ¡no quiero!
	Ni morirás, porque darás noticias
	de la conjuración. Estoy seguro.
Mariana (Fiera.)	No diré nada, como usted querría,
	a pesar de tener un corazón
	en el que ya no caben más heridas.
	Fuerte y sorda seré a vuestros halagos.
	Antes me daban miedo sus pupilas.
	Ahora le estoy mirando cara a cara
(Se acerca.)	y puedo con sus ojos que vigilan
	el sitio donde guardo este secreto
	que por nada del mundo contaría.
	¡Soy valiente, Pedrosa, soy valiente!
Pedrosa	Está muy bien.
(Pausa.)	Ya sabe, con mi firma
	puedo borrar la lumbre de sus ojos.
	Con una pluma y un poco de tinta
	puedo hacerla dormir un largo sueño.
Mariana (Elevada.)	¡Ojalá fuese pronto por mi dicha!
Pedrosa (Frío.)	Esta tarde vendrán.
Mariana	(Aterrada y dándose cuenta.)
	¿Cómo?
Pedrosa	Esta tarde;
	ya se ha ordenado que entres en capilla.

Mariana	(Exaltada y protestando fieramente de su muerte.)
	¡No puede ser! ¡Cobardes! ¿Y quién manda dentro de España tales villanías?
	¿Qué crimen cometí? ¿Por qué me matan?
	¿Dónde está la razón de la Justicia?
	En la bandera de la Libertad
	bordé el amor más grande de mi vida.
	¿Y he de permanecer aquí encerrada?
	¡Quién tuviera unas alas cristalinas
	para salir volando en busca tuya!

(Pedrosa ha visto con satisfacción esta desesperación de Mariana y se dirige a ella. La luz empieza a tomar el tono del crepúsculo.)

Pedrosa	(Muy cerca de Mariana.)
	Hable pronto, que el rey la indultaría.
	Mariana, ¿quiénes son los conjurados?
	Yo sé que usted de todos es amiga.
	Cada segundo aumenta su peligro.
	Antes que se haya disipado el día
	ya vendrán por la calle a recogerla.
	¿Quiénes son? Y sus nombres. ¡Vamos, pronto!
	Que no se juega así con la Justicia,
	y luego será tarde.

Mariana (Fiera.)	¡No hablaré!

Pedrosa	(Fiero, cogiéndole las manos.)
	¿Quiénes son?

Mariana	Ahora menos lo diría.
(Con desprecio.)	Suelta, Pedrosa; vete, ¡Madre Carmen!

Pedrosa (Terrible.)   ¡Quieres morir!

(Aparece, llena de miedo, la madre Carmen; dos monjas cruzan al fondo como dos fantasmas.)

Carmen	¿Qué pasa, Marianita?

Mariana	Nada.

Carmen	Señor, no es justo...

Pedrosa	(Frío, sereno y autoritario, dirige una severa mirada a la monja, e inicia el mutis.) Buenas tardes.
(A Mariana.)	Tendré un placer muy grande si me avisa.

Carmen	¡Es muy buena, señor!

Pedrosa (Altivo.)   No os pregunté.

(Sale, seguido de sor Carmen.)

Escena VI

Mariana	(En el banco, con dramática y tierna entonación andaluza.) Recuerdo aquella copla que decía cruzando los olivos de Granada: ¡Ay, qué fragatita,

real corsaria! ¿Dónde está
tu valentía?
Que un velero bergantín
te ha puesto la puntería.

(Como soñando y nebulosamente.)

Entre el mar y las estrellas
¡con qué gusto pasearía
apoyada sobre una
larga baranda de brisa!

(Con pasión y llena de angustia.)

Pedro, coge tu caballo
o ven montado en el día.
¡Pero pronto! ¡Que ya vienen
para quitarme la vida!
Clava las duras espuelas.
(Llorando.)   ¡Ay, qué fragatita,
real corsaria! ¿Dónde está
tu valentía?
Que un famoso bergantín
te ha puesto la puntería.

(Vienen dos monjas.)

Monja 1   Sé fuerte, que Dios te ayuda.

Carmen   Marianita, hija, descansa.

(Se llevan a Mariana.)

Escena VII

Suena el esquilón de las monjas. Por el fondo aparecen varias de ellas, que cruzan la escena y se santiguan al pasar ante una Virgen de los Dolores que, con el corazón atravesado de puñales, llora en el muro, cobijada por un inmenso arco de flores amarillas y plateadas de papel. Entre ellas se destacan las Novicias 1 y 2. Los cipreses comienzan a teñirse de luz dorada.

Novicia 1   ¡Qué gritos! ¿Tú los sentiste?

Novicia 2   Desde el jardín; y sonaban
                   como si estuvieran lejos.
                   ¡Inés, yo estoy asustada!

Novicia 1   ¿Dónde estará Marianita,
                   rosa y jazmín de Granada?

Novicia 2   Está esperando a su novio.

Novicia 1   Pero su novio ya tarda.
                   ¡Si la vieras cómo mira
                   por una y otra ventana!
                   Dice: «Si no hubiera sierras,
                   lo vería en la distancia».

Novicia 2   Ella lo espera segura.

Novicia 1   ¡No vendrá por su desgracia!

Novicia 2   ¡Marianita va a morir!

¡Hay otra luz en la casa!

Novicia 1   ¡Y cuánto pájaro! ¿Has visto?
Ya no caben en las ramas
del jardín ni en los aleros;
nunca vi tantos, y al alba,
cuando se siente la Vela,
cantan y cantan y cantan...

Novicia 2   ... y al alba
despiertan brisas y nubes
desde el frescor de las ramas.

Novicia 1   ... y al alba
por cada estrella que muere
nace diminuta flauta.

Novicia 2   ¿Y ella?... ¿Tú las has visto? Ella
me parece amortajada
cuando cruza el coro bajo
con esa ropa tan blanca.

Novicia 1   ¡Qué injusticia! Esta mujer
de seguro fue engañada.

Novicia 2   ¡Su cuello es maravilloso!

Novicia 1   (Llevándose instintivamente las manos al
cuello.)
Sí, pero...

Novicia 2   Cuando lloraba

me pareció que se le iba
a deshojar en la falda.

(Se acercan las monjas.)

Monja 1   ¿Vamos a ensayar la Salve?

Novicia 1   ¡Muy bien!

Novicia 2   Yo no tengo gana.

Monja 1   Es muy bonita.

Novicia 1   (Hace una señal a las demás y se dirigen rápi-
                   damente al foro.)
                   ¡Y difícil!

(Aparece Mariana por la puerta de la izquierda, y al verla se retiran todas con disimulo.)

Mariana   (Sonriendo.)
                   ¿Huyen de mí?

Novicia 1   (Temblando.)
                   ¡Vamos a la...!

Novicia 2   (Turbada.)
                   Nos íbamos... yo decía...
                   Es muy tarde.

Mariana   (Con bondad irónica.)
                   ¿Soy tan mala?

Novicia 1 (Exaltada.)	¡No, señora! ¿Quién lo dice?
Mariana	¿Qué sabes tú, niña?
Novicia 2	(Señalando a la primera.) ¡Nada!
Novicia 1 (Nerviosa.)	¡Pero la queremos todas! ¿No lo está usted viendo?
Mariana	(Con amargura.) ¡Gracias!

(Mariana se sienta en el banco, con las manos cruzadas y la cabeza caída, en una divina actitud de tránsito.)

Novicia 1	¡Vámonos!
Novicia 2	¡Ay, Marianita, rosa y jazmín de Granada, que está esperando a su novio, pero su novio se tarda!

(Se van.)

Mariana	¡Quién me hubiera dicho a mí!... Pero ¡paciencia!

Carmen (Que entra.) ¡Mariana!
    Un señor que trae permiso
    del juez, viene a visitarla.

Mariana   (Levantándose, radiante.)
                       ¡Que pase! ¡Por fin, Dios mío!

(Sale la monja. Mariana se dirige a una cornucopia que hay en la pared y, llena de su delicado delirio, se arregla los bucles y el escote.)

                       Pronto..., ¡qué segura estaba!
                       Tendré que cambiarme el traje
                       me hace demasiado pálida.

Escena VIII

Se sienta en el banco en actitud amorosa, vuelta al sitio donde tienen que entrar. Aparece la madre Carmen. Y Mariana, no pudiendo resistir, se vuelve. En el silencio de la escena, entra Fernando, pálido. Mariana queda estupefacta.

Mariana   (Desesperada, como no queriéndolo creer.)
                       ¡No!

Fernando (Triste.)   ¡Mariana! ¿No quieres
                       que hable contigo? ¡Dime!

Mariana   ¡Pedro! ¿Dónde está Pedro?
                       ¡Dejadlo entrar, por Dios!
                       ¡Está abajo, en la puerta!
                       ¡Tiene que estar! ¡Que suba!
                       Tú viniste con él,
                       ¿verdad? Tú eres muy bueno.

Él vendrá muy cansado, pero entrará enseguida.

Fernando

Vengo solo, Mariana. ¿Qué sé yo de don Pedro?

Mariana

¡Todos deben saber, pero ninguno sabe!
Entonces, ¿cuándo viene para salvar mi vida?
¿Cuándo viene a morir, si la muerte me acecha?
¿Vendrá? Dime, Fernando. ¡Aún es hora!

Fernando

(Enérgico y desesperado, al ver la actitud de Mariana.)
Don Pedro
no vendrá, porque nunca te quiso, Marianita.
Ya estará en Inglaterra, con otros liberales.
Te abandonaron todos tus antiguos amigos.
Solamente mi joven corazón te acompaña.
¡Mariana! ¡Aprende y mira cómo te estoy queriendo!

Mariana (Exaltada.) ¿Por qué me lo dijiste? Yo bien que lo sabía;
pero nunca lo quise decir a mi esperanza.
Ahora ya no me importa. Mi esperanza lo ha oído
y se ha muerto mirando los ojos de mi Pedro.
Yo bordé la bandera por él. Yo he conspirado
para vivir y amar su pensamiento propio.
Más que a mis propios hijos y a mí misma le quise.
¿Amas la Libertad más que a tu Marianita?

	¡Pues yo seré la misma Libertad que tú adoras!
Fernando	¡Se que vas a morir! Dentro de unos instantes vendrán por ti, Mariana. ¡Sálvate y di los nombres! ¡Por tus hijos! ¡Por mí, que te ofrezco la vida!
Mariana	¡No quiero que mis hijos me desprecien! ¡Mis hijos tendrán un nombre claro como la Luna llena! ¡Mis hijos llevarán resplandor en el rostro, que no podrán borrar los años ni los aires! Si delato, por todas las calles de Granada este nombre sería pronunciado con miedo.
Fernando	(Dramático y desesperado.) ¡No puede ser! ¡No quiero que esto pase! ¡No quiero! ¡Tú tienes que vivir! ¡Mariana, por mi amor!
Mariana	(Loca y delirante, en un estado agudo de pasión y angustia.) ¿Y qué es amor, Fernando? ¡Yo no sé qué es amor!
Fernando (Cerca.)	¡Pero nadie te quiso como yo, Marianita!
Mariana	(Reaccionando.) ¡A ti debí quererte más que a nadie en el mundo, si el corazón no fuera nuestro gran enemigo!

Corazón, ¿por qué mandas en mí si yo no quiero?

Fernando

(Se arrodilla y ella le coge la cabeza sobre el pecho.)
¡Ay, te abandonan todos! ¡Habla, quiéreme y vive!

Mariana

(Rodeándolo.)
¡Ya estoy muerta, Fernando! Tus palabras me llegan
a través del gran río del mundo que abandono.
Ya soy como la estrella sobre el agua profunda,
última débil brisa que se pierde en los álamos.

(Por el fondo pasa una monja, con las manos cruzadas, que mira llena de zozobra al grupo.)

Fernando

¡No sé qué hacer! ¡Qué angustia! ¡Ya vendrán a buscarte!
¡Quién pudiera morir para que tú vivieras!

Mariana

¡Morir! ¡Qué largo sueño sin ensueños ni sombras!
Pedro, quiero morir por lo que tú no mueres,
por el puro ideal que iluminó tus ojos:
¡¡Libertad!! Porque nunca se apague tu alta lumbre
me ofrezco toda entera. ¡¡Arriba, corazón!!
¡Pedro, mira tu amor a lo que me ha llevado!

Me querrás, muerta, tanto, que no podrás
vivir.

(Dos monjas entran, con las manos cruzadas, en la misma expre-
sión de angustia, y no se atreven a acercarse.)

Y ahora ya no te quiero, porque soy una
sombra.

Carmen	(Entrando, casi ahogada.)
	¡Mariana!
(A Fernando.)	¡Caballero! ¡Salga pronto!
Fernando	(Angustiado.)
	¡Dejadme!
Mariana	¡Vete! ¿Quién eres tú? ¡Ya no conozco a
	nadie!
	¡Voy a dormir tranquila!

(Entra otra monja rápidamente, casi ahogada por el miedo y la
emoción. Al fondo cruza otra con gran rapidez con una mano sobre la frente.)

Fernando	(Emocionadísimo.)
	¡Adiós, Mariana!
Mariana	¡Vete!
	Ya vienen a buscarme.

(Sale Fernando, llevado por dos monjas.)

	Como un grano de arena
(Viene otra monja.)	siento al mundo en los dedos. ¡Muerte! Pero ¿que es muerte?
(A las monjas.)	Y vosotras, ¿qué hacéis? ¡Qué lejanas os siento!
Carmen	(Que llega llorando.) ¡Mariana!
Mariana	¿Por qué llora?
Carmen	¡Están abajo, niña!
Monja 1	¡Ya suben la escalera!

Escena última

Entran por el foro todas las monjas. Tienen la tristeza reflejada en los rostros. Las Novicias 1 y 2 están en primer término. Sor Carmen, digna y traspasada de pena, está cerca de Mariana. Toda la escena irá adquiriendo, hasta el final, una gran luz extrañísima de crepúsculo granadino. Luz rosa y verde entra por los arcos, y los cipreses se matizan exquisitamente, hasta parecer piedras preciosas. Del techo desciende una suave luz naranja, que se va intensificando hasta el final.

| Mariana | ¡Corazón no me dejes! ¡Silencio! Con un ala, ¿dónde vas? Es preciso que tú también descanses. |
| | Nos espera una larga locura de luceros que hay detrás de la muerte. ¡Corazón, no desmayes! |

Carmen	¡Olvídate del mundo, preciosa Marianita!
Mariana	¡Qué lejano lo siento!
Carmen	¡Ya vienen a buscarte!
Mariana	Pero, ¡que bien entiendo lo dice esta luz! ¡Amor, amor, amor, y eternas soledades!

(Entra el juez por la puerta de la izquierda.)

Novicia 1	¡Es el juez!
Novicia 2	¡Se la llevan!
Juez	Señora, a sus órdenes; hay un coche en la puerta.
Mariana	Mil gracias. Madre Carmen, salvo a muchas criaturas que llorarán mi muerte. No olviden a mis hijos.
Carmen	¡Que la Virgen te ampare!
Mariana	¡Os doy mi corazón! ¡Dadme un ramo de flores! En mis últimas horas yo quiero engalanarme. Quiero sentir la dura caricia de mi anillo y prenderme en el pelo mi mantilla de encaje. Amas la Libertad por encima de todo,

pero yo soy la misma Libertad. Doy mi sangre, que es tu sangre y la sangre de todas las criaturas.
¡No se podrá comprar el corazón de nadie!

(Una monja le ayuda a ponerse la mantilla. Mariana se dirige al fondo, gritando:)

Ahora sé lo que dicen el ruiseñor y el árbol.
El hombre es un cautivo y no puede librarse.
¡Libertad de lo alto! Libertad verdadera,
enciende para mí tus estrellas distantes.
¡Adiós! ¡Secad el llanto!

(Al juez.)   ¡Vamos pronto!

Carmen   ¡Adiós, hija!

Mariana   Contad mi triste historia a los niños que pasen.

Carmen   Porque has amado mucho, Dios te abrirá su puerta.
              ¡Ay, triste Marianita! ¡Rosa de los rosales!

Novicia 1   (Arrodillándose.)
              Ya no verán tus ojos las naranjas de luz
              que pondrá en los tejados de Granada la tarde.

(Fuera empieza un lejano campaneo.)

Monja 1   (Arrodillándose.)

	Ni sentirás la dulce brisa de primavera pasar de madrugada tocando tus cristales.
Novicia 2	(Arrodillándose y besando la orla del vestido de Mariana.) ¡Clavellina de mayo! ¡Rosa de Andalucía!, que en las altas barandas tu novio está esperándote.
Carmen	¡Mariana, Marianita, de bello y triste nombre, que los niños lamenten tu dolor por la calle!

Mariana (Saliendo.) ¡Yo soy la Libertad porque el amor lo quiso!
¡Pedro! La Libertad, por la cual me dejaste.
¡Yo soy la Libertad, herida por los hombres!
¡Amor, amor, amor, y eternas soledades!

(Un campaneo vivo y solemne invade la escena, y un coro de niños empieza, lejano, el romance. Mariana se va, saliendo lentamente, apoyada en Sor Carmen. Todas las demás monjas están arrodilladas. Una luz maravillosa y delirante invade la escena. Al fondo, los niños cantan.)

¡Oh, qué día triste en Granada,
que a las piedras hacía llorar,
al ver que Marianita se muere
en cadalso por no declarar!

(No cesa el campaneo.)

Telón lento

Granada, 8 de enero de 1925.

Libros a la carta

A la carta es un servicio especializado para
empresas,
librerías,
bibliotecas,
editoriales
y centros de enseñanza;
y permite confeccionar libros que, por su formato y concepción,
sirven a los propósitos más específicos de estas instituciones.
Las empresas nos encargan ediciones personalizadas para marketing editorial o para regalos institucionales. Y los interesados soli-
citan, a título personal, ediciones antiguas, o no disponibles en el
mercado; y las acompañan con notas y comentarios críticos.
Las ediciones tienen como apoyo un libro de estilo con todo tipo de
referencias sobre los criterios de tratamiento tipográfico aplicados
a nuestros libros que puede ser consultado en Linkgua-ediciones.
com.
Linkgua edita por encargo diferentes versiones de una misma obra
con distintos tratamientos ortotipográficos (actualizaciones de ca-
rácter divulgativo de un clásico, o versiones estrictamente fieles a
la edición original de referencia).
Este servicio de ediciones a la carta le permitirá, si usted se dedica
a la enseñanza, tener una forma de hacer pública su interpretación
de un texto y, sobre una versión digitalizada «base», usted podrá
introducir interpretaciones del texto fuente. Es un tópico que los
profesores denuncien en clase los desmanes de una edición, o va-
yan comentando errores de interpretación de un texto y esta es una
solución útil a esa necesidad del mundo académico.
Asimismo publicamos de manera sistemática, en un mismo catá-
logo, tesis doctorales y actas de congresos académicos, que son
distribuidas a través de nuestra Web.

El servicio de «libros a la carta» funciona de dos formas.
1. Tenemos un fondo de libros digitalizados que usted puede personalizar en tiradas de al menos cinco ejemplares. Estas personalizaciones pueden ser de todo tipo: añadir notas de clase para uso de un grupo de estudiantes, introducir logos corporativos para uso con fines de marketing empresarial, etc. etc.

2. Buscamos libros descatalogados de otras editoriales y los reeditamos en tiradas cortas a petición de un cliente.

Printed in Poland
by Amazon Fulfillment
Poland Sp. z o.o., Wrocław

69305491R00076